O REMANESCENTE

A Igreja de nossos dias está em crise por causa do fracasso moral desenfreado, e poucos líderes tiveram a coragem ou a sabedoria para resolver este dilema. Sou grato por Larry Stockstill ter escrito este importante livro. Finalmente, alguém trouxe sanidade ao controverso problema da restauração bíblica. Como um médico experiente, Larry diagnosticou o problema e nos oferece um remédio nítido e cem por cento bíblico. Recomendo este livro a todos os líderes e a todos os cristãos que foram afetados pela crise moral presente em nossas igrejas.

- J. LEE GRADY
Editor da revista Charisma

Larry Stockstill dá voz a uma preocupação profunda que tenho tido há algum tempo: os ministros e líderes da igreja precisam desesperadamente de um chamado ao arrependimento e ao refrigério espiritual. Percebo que o desejo de Larry é oferecer aos ministros que possam estar enfrentando uma derrota espiritual a oportunidade de encontrarem ajuda e esperança, sem o temor de serem envergonhados pelos outros por aquilo que possa estar envergonhando-os pessoalmente. Os ministros têm tido dificuldade em receber expressões de amor incondicional, como aquela demonstrada pelo pai do filho pródigo. Larry não está simplesmente apontando um problema; ele está procurando oferecer ajuda àqueles que sofrem e enfrentam a derrota, inclusive líderes da igreja. Creio que este livro é crucialmente importante para a saúde de toda a igreja.

- JAMES ROBINSON,
Presidente e Fundador do Ministério Life Outreach
Forth Worth, Texas

A igreja, conduzida por pastores, é a consciência espiritual de cada nação. Mas como a igreja pode ser a consciência se a sua credibilidade está sendo questionada por causa das concessões que são feitas? O irmão Larry Stockstill tem uma mensagem para os líderes de todas as nações que é necessária e urgente. Precisamos exigir uma maior responsabilidade pessoal de nós mesmos como líderes, tanto no púlpito quanto na política.

– TONY PERKINS
Presidente do Family Research Council

O Espírito Santo está estabelecendo as bases de um novo despertamento do Cristianismo. Creio que este livro é parte da Sua estratégia. Temos alimentado cascas por muito tempo, vestindo-as com molhos denominados "estilo, crescimento-controlado, auto-reconhecimento, e sucesso na mídia", e o resultado foi uma fome pela verdadeira justiça e sabedoria e pelo fruto desejável que elas trazem consigo. Junte-se a mim abrindo a sua mente como líder e servo de Cristo a este sensível e sensato chamado – emitido com paixão e amor, e sem justiça própria.

– JACK W. HAYFORD
Presidente da Foursquare Church Diretor,
The King's College & Seminary

O REMANESCENTE

RESTAURANDO A INTEGRIDADE DO MINISTÉRIO PASTORAL

LARRY STOCKSTILL

1ª Edição

LAN

2ª impressão
Rio de Janeiro, 2014
www.edilan.com.br

O REMASCENTE, por Larry Stockstill

Publicado por Editora Luz às Nações

1ª edição: Abril de 2010

Coordenação editorial / *Philip Murdoch*

Tradução / *Maria Lucia Godde Cortez, Idiomas & Cia*

Revisão / *Idiomas & Cia*

Capa / *Heston Delgado*

Projeto Gráfico e Diagramação / *Julio Fado*

Impressão / *Imprensa da Fé*

Originalmente publicado nos Estados Unidos, sob o título *The Remnant / Larry Stockstill,* por Charisma House, A Strang Company, 600 Rinehart Road, Lake Mary, Florida, 32746. Copyright © 2008 por Larry Stockstill.

Publicação em acordo com as orientações do NOVO ACORDO ORTOGRÁFICO DA LÍNGUA PORTUGUESA, em vigor desde janeiro de 2009.

Dados de Catalogação na Publicação CIP-Brasil.
Catalogação na fonte Sindicato Nacional dos Editores de Livros, RJ

S88r

Stockstill, Larry, 1953-
O remanescente : restaurando a integridade do ministério pastoral / Larry Stockstill ; [tradução Maria Lucia Godde Cortez, Idioma & Cia.]. - Rio de Janeiro: Luz às Nações, 2010.
    Tradução de: The Remnant : restoring integrity to american ministry
    ISBN 978-85-99858-23-3

    1. Igreja renovada - Estados Unidos. 2. Evangelismo - Estados Unidos. 3. Estados Unidos - Condições morais. I. Título.

10-1303.   CDD: 266.0017
                                                  CDU: 274

Todos os direitos reservados por

Editora Luz às Nações
Rua Rancharia, 62, parte − Itanhangá - Rio de Janeiro, Brasil
CEP: 22753-070 Tel. (21) 2490-2551
www.edilan.com.br

Índice

Prefácio

Prefácio

VOU SACUDIR ESTA NAÇÃO. Estas palavras trovejaram em meu espírito quando estava dentro de em um avião, em algum lugar sobre Oaklahoma. Era a primeira semana de outubro de 2006, e depois de ter pregado naquela manhã em Louisville, eu estava me dirigindo a Dallas para atender a mais um compromisso como pregador à noite. Estava um pouco cansado por ter deixado a cidade de Baton Rouge naquela manhã, e realmente não esperava receber qualquer mensagem do Senhor naquele momento.

Quando voltei para casa naquela noite, o Senhor me falou sobre o abalo que havia prometido, dizendo que ele começaria pelo corpo de Cristo e seria diferente de qualquer coisa que já havíamos experimentado. Pedi ao Senhor para começar a me sacudir, despertando-me da minha própria letargia e sonolência. Em seguida, compartilhei esta palavra com um pequeno grupo de pastores com quem costumo me encontrar mensalmente em Baton Rouge para termos comunhão e prestarmos contas uns aos outros. Finalmente, preguei essa mensagem naquele fim de semana em nossa igreja, a Bethany World Prayer

Center, onde tenho pastoreado há vinte e cinco anos. Todos nós aceitamos o desafio de permitir que o Senhor avivasse as brasas ardentes em nossos corações e nos despertasse da apatia.

Fiel à Sua palavra, o Senhor realmente deu início a uma limpeza importante na Sua casa. Vimos um pastor após o outro ser examinado detalhadamente e provado pelo fogo por causa de problemas como imoralidade sexual, improbidade financeira, desvio de doutrina, estilo de vida esbanjador, e inúmeros outros, tanto pequenos quanto grandes. O corpo de Cristo – Seus representantes na Terra, Seu Embaixador, Sua *Noiva* – exibia vestes sujas para que todos vissem e para que o mundo, feliz, o ridicularizasse.

Por mais doloroso que tenha sido (e continuará a ser) o sacudir de Deus, ele despertou uma nova geração de pastores e também de leigos que ousam fazer estas difíceis perguntas: Onde foi parar a glória (a glória de Deus) que estava na igreja? Quando foi que trocamos o "entregar tudo por amor a Cristo" pela nossa filiação ao "mais novo clube da bênção"? Quando foi que o evangelho puro e simples do Salvador passou a dizer respeito a "mim" e ao que é "meu"? O que aconteceu com a *transparência* e a *integridade* que marcaram a igreja por séculos, quando seguir a Cristo significava dificuldade, renúncia e até mesmo morte?

Transparência e *integridade*. Estas duas palavras não têm sido usadas há bastante tempo para descrever a igreja. Pela graça de Deus, porém, vamos mudar isto. É por isso que você está segurando este livro. Creio que o Senhor o conduziu a lê-lo e está chamando você para fazer parte de uma nova geração de cristãos – um remanescente – que O seguirá com transparência e integridade.

Diante da exposição pública de tantos ministros e ministérios, estou agora mais convencido do que nunca de que o julgamento de Deus sobre nossas nações é iminente. No ano passado, James Robison, da cidade de Dallas, entrou em contato comigo e me incentivou a ler um artigo intitulado: *"Um Aviso à América"*. Ele sente que nós, como nação, estamos caminhando em direção à *humildade* ou à *humilhação*. Os nossos pecados secretos nos trouxeram a um momento onde Deus está pronto para sacudir a nossa nação de uma forma radical, e creio que o mesmo vale para as demais nações que se encontram na mesma condição. James afirma que se não nos humilharmos e nos arrependermos, os Estados Unidos poderão se transformar em uma nação do terceiro mundo vivendo sem eletricidade ou água corrente. Enquanto falávamos ao telefone naquele dia, concordamos que, embora todos os cristãos devam ser baluartes de integridade, os pastores são a chave para impedir um julgamento terrível que está surgindo no horizonte das grandes nações.

Será que percebemos o quanto a nossa posição como nação é vulnerável? Os mercados financeiros mundiais estão despencando. Nações desonestas estão se armando com energia nuclear e possivelmente proliferando suas armas distribuindo-a entre outros grupos. Terroristas estão planejando ações intermináveis para gerar o caos nas nossas cidades seguras. Nós nos sentimos seguros, mas até os programas seculares mostram que estamos apenas a uma explosão, a um micróbio, a um desvio de mercado de um colapso total como nação.

É com este propósito que estou escrevendo este livro. Atualmente existem cerca de 380.000 igrejas nos Estados Unidos, todas elas pastoreadas por alguém. No Brasil, estima-se que existam cerca de 150.000 igrejas*, e nenhum desses pastores está imune ao ataque sutil do inimigo. Agora, precisamos fazer a pergunta: que porcentagem desses líderes espirituais está viven-

---

* Fonte: Sepal, Departamento de Pesquisas (www.pesquisas.org.br).

do uma vida dupla? Perguntei a outro líder influente que lida com milhares de pastores que número ele calcularia, e ele disse: "Talvez 20 por cento".

Isto significa 75.000 líderes com problemas, apenas nos Estados Unidos. Certamente não temos nenhuma autoridade para falar com Washington, Hollywood ou Brasília sobre moralidade e ética em nossas famílias e relacionamentos, se estamos vivendo uma vida dupla permeada por vícios, perversões, divórcios e práticas financeiras duvidosas.

E se o problema é tão grande assim no ministério, como será entre aqueles que estamos tentando liderar? Com que problemas ocultos estarão eles se debatendo? Quantos deles estão comparecendo em nossas igrejas no domingo com um sorriso no rosto para mascarar o desespero que os envolve de segunda a sábado?

Sabemos que entre nós há alguns líderes e crentes maravilhosos, comprometidos e santos. Talvez você seja um deles. Na visão de Ezequiel, o homem vestido de linho colocava uma marca na testa daqueles que "suspiram e que gemem por causa de todas as abominações que se cometem no meio dela" [Jerusalém] (Ez 9:4, ARC). Creio que existe um remanescente justo de pastores e crentes piedosos que sofrem por causa da direção que a igreja está tomando.

Entretanto, a questão passa a ser: por quanto tempo mais Deus tolerará a nossa duplicidade? É impressionante para mim ver que, à medida que nossas igrejas crescem, nossas nações aparentemente se aprofundam cada vez mais nas trevas da imoralidade. A igreja parece estar obcecada com o crescimento e em se "identificar" com o mundo, mas isto me faz lembrar Sansão antes do seu corte de cabelo. Embora estivesse envolvido na imoralidade, Sansão continuou a usar seu dom por anos, mas já não carregava mais a sua unção em sua vida.

Como pode um indivíduo continuar a desenvolver uma enorme igreja ou ministério e, no entanto, estar lutando contra pecados secretos? A resposta é simples: o dom de uma pessoa abre caminho para ela e atrai a atenção dos outros. Além do mais, esse dom, embora legítimo e dado por Deus, pode ser usado com orgulho e arrogância, em vez de ser usado em submissão a Deus. Este era o problema de Satanás: *dons não quebrantados e não rendidos ao Senhor.*

No universo da igreja, a educação, os contatos, a manipulação, a inovação, o empreendedorismo e a agressividade podem ampliar o dom de uma pessoa. O fato de que o ministério de alguém continue a se expandir e pareça empolgante não é garantia de que a pessoa esteja agindo debaixo da *unção.* A unção age pelo quebrantamento e se rende na cruz. A unção coloca o foco das pessoas em Jesus em vez de concentrá-lo em uma pessoa. Ela é "pura, depois, pacífica, indulgente, tratável, plena de misericórdia e de bons frutos, imparcial e sem fingimento" (Tg 3:17, NKJV). A unção se submete à correção pelos outros, é transparente, e age no descanso e na paz.

Quando começamos a nos impor, a nos afirmar e a nos promover, estamos agindo apenas no nosso dom. Se não levarmos os nossos dons diariamente à cruz e permitirmos que eles sejam quebrantados, poderemos facilmente padecer do mesmo orgulho e maldição que Satanás sofreu no céu.

Deus está nos chamando a uma mudança. Nossos jornais relatam todos os dias a história daqueles que pensávamos ser ministérios exemplares anunciando o divórcio amigável de seus líderes ou o fim violento de seus casamentos. Líderes políticos conservadores e defensores da família enfrentam a humilhação pública quando seus nomes aparecem na agenda telefônica de uma prostituta ou quando um policial os surpreende em posição comprometedora em um banheiro.

Pastores se divorciam de suas esposas, casam-se com suas secretárias, vendem as propriedades das igrejas, e simplesmente iniciam outras igrejas em outro lugar. Enormes denominações, assim como igrejas independentes, estão cambaleando por causa do impacto gerado pela exposição de tantos líderes que caíram. Precisamos tomar uma atitude radical e imediata. O "paciente" está com hemorragia interna, embora esteja perfeito na sua saúde e na aparência externa.

Eu o desafio a refletir com atenção sobre os pensamentos, direcionamentos e princípios que o Senhor me ensinou desde que Ele disse: "Vou sacudir esta nação". Os próximos cinco capítulos são uma descrição de onde estamos e de onde precisamos estar. Em seguida, os últimos dez capítulos apresentam os *Dez Mandamentos do Ministério* como um novo código de conduta para os pastores, líderes e crentes de todo o mundo.

Todos nós temos um chamado singular no corpo de Cristo. Cada um de nós exerce influência sobre nossa família, nossa igreja e nossa comunidade. Nossas vidas *são* os nossos ministérios, e como tal, elas precisam refletir apenas os mais altos padrões de integridade. Trabalhando juntos, *podemos* remover o julgamento de Deus. *Podemos* restabelecer uma tropa comprometida e responsável de nazireus espirituais no mundo. *Podemos* transformar a nossa nação para que a próxima geração termine a obra.

Como o Senhor me disse, "Quero começar com você". Deixe que o seu coração seja abalado até o mais íntimo. Reorganize a sua família, o seu ministério, e o seu futuro com base nestes princípios. Vamos restaurar as nossas nações – *um pastor, um líder e um cristão de cada vez.*

PARTE 1

Socorro para uma Igreja Disfuncional

CAPÍTULO 1

MENTOREAMENTO PARA UMA IGREJA ÓRFÃ

Porque ainda que tivésseis milhares de preceptores em Cristo, não teríeis, contudo, muitos pais; pois eu, pelo evangelho, vos gerei em Cristo Jesus. Admoesto-vos, portanto, a que sejais meus imitadores. Por esta causa, vos mandei Timóteo, que é meu filho amado e fiel no Senhor, o qual vos lembrará os meus caminhos em Cristo Jesus, como, por toda parte, ensino em cada igreja.

- I Coríntios 4:15-17

Podemos definir *disfuncional* como algo "desviado do comportamento normal". Em seu livro *The Five Dysfunctions of a Team* (As Cinco Disfunções de um Time), Patrick Lencioni analisa cinco motivos pelos quais os times fracassam. Mas por que os *pastores* fracassam? Certamente deve haver problemas em sua base estrutural, pois ela suporta o peso do ministério por algum tempo até que finalmente acaba se quebrando. Será que podemos dar solidez emocional e espiritual a um pastor para podermos prever com mais precisão uma vida de sucesso e glória para Deus? Fiz uma relação do que creio serem as cinco principais disfunções da igreja. A cura para essas disfunções encontra-se em um retorno ao padrão dos cinco ministérios, que se encontram em Efésios 4:11-12: "E Ele mesmo concedeu uns para apóstolos, outros para profetas, outros para evangelistas e outros para pastores e mestres, com vistas ao aperfeiçoamento dos santos para o desempenho do seu serviço, para a edificação do corpo de Cristo".

Sem a força consolidadora destes cinco ofícios, os pastores estarão construindo sobre a areia e não sobreviverão à inundação de imundície, tentação, confusão e desânimo enviada pelo inimigo. Retornar aos cinco ministérios não é simplesmente dar as boas-vindas a representantes destes cinco ofícios para pregar em nossos púlpitos, mas também estabelecer estas características em nossos ministérios. É fazer com que eles sejam uma parte tão integrante de nossas igrejas que tanto os pastores quanto os crentes os abracem como o fundamento de ordem e estabilidade que eles foram feitos para ser.

Se você, que está lendo este livro, é um pastor, você pode dar direção aos membros e frequentadores de sua congregação para incentivá-los, treiná-los e enviá-los ao ministério como mestres, profetas ou evangelistas em seus lares, comunidades e cidades. Os cinco ministérios são fortalecidos à medida que cada cristão faz a sua parte no plano de Deus. Se você é um cristão preocupado que quer fazer alguma coisa para ajudar a dar um fim aos fracassos alarmantes entre pastores e cristãos, pode buscar a direção de Deus com afinco e seguir as instruções que Ele lhe der – diretamente ou através do pastor que Ele colocou como autoridade sobre você. Lembre-se, você e os cristãos de todo o mundo são a igreja – ela não é um prédio de pedra e vidro, sem coração!

DISFUNÇÃO 1: A IGREJA QUE NÃO TEM PAIS

Parece-me que o *principal* motivo para a instabilidade e o fracasso ministerial, e a primeira disfunção em muitas igrejas, é a falta de pais. Mentorear, ou fazer o papel de pai, é uma necessidade humana básica, e nenhum cristão está isento dela. O próprio Jesus precisava da palavra de confirmação vinda do céu: "Tu és o Meu Filho amado; em Ti Me agrado" (Mc 1:11, NVI). Infelizmente, porém, muitos cristãos, mesmo aqueles que fazem parte de denominações e hierarquias maravilhosas, sofrem uma falta geral de mentoreamento e confirmação. A confirmação não é opcional, mas totalmente necessária para que qualquer pessoa atue corretamente.

Conheci centenas de líderes de igrejas e membros de igrejas que sofrem por causa de uma *ferida relacionada ao pai*. Até pouco tempo esta expressão era nova para mim, mas ela é o centro do problema que afeta os recessos mais profundos da alma dos homens. Embora as mulheres também sofram por causa de problemas relacionados a seus pais, escolhi falar especificamente das feridas masculinas para tratar dos propósitos específicos deste livro. Estou me referindo à ferida que é infligida quando um menino não sente apoio ou afirmação por causa de um pai ausente, anônimo, ou abusivo.

Um pai é *ausente* quando coloca o seu trabalho em primeiro lugar e deixa de estar presente para apoiar as conquistas de um menino (A propósito, esta é a situação de muitos filhos de pastores). Ele é *anônimo* quando parece estar despreocupado e passivo com relação a qualquer fase, desafio ou conquista na vida de seu filho. Alguns pais chegam a ser, até mesmo, *abusivos* fisicamente, verbalmente ou sexualmente. As feridas gradualmente deixadas nos filhos como resultado desse tipo de postura vão moldando as ações e reações desses meninos, mais do que qualquer outra força.

John Eldredge, em seu poderoso best-seller *Wild at Heart* (Selvagem de Coração), indica que a ferida relacionada ao pai gera *impostores:* homens que lutam com a dúvida de saber se possuem o que é necessário para ser um homem. Quando falta a um homem o apoio de seu pai, ele se torna passivo (com medo de novos desafios) ou agressivo (focado na afirmação através da realização).[1]

Jacó, no Antigo Testamento, era um impostor. Seu irmão, Esaú, era o favorito de seu pai por causa de seu grande talento masculino na área da caça. Jacó, por outro lado, perambulava pelas tendas, sem dúvida tentando ganhar o apoio de sua mãe (Gn 25:27). Com o passar dos anos, Jacó desenvolveu um sentimento de rejeição com relação ao pai: "Isaque preferia Esaú... Rebeca preferia Jacó" (Gn 25:28, NVI).

Eldredge indica corretamente que uma mulher não pode de fato apoiar um homem. Ela pode incentivá-lo, mas não pode responder à pergunta relativa à sua masculinidade, que ele guarda dentro de sua alma.[2] Quando a mãe de Jacó ouviu falar que Esaú estava para receber a bênção, ela conspirou com Jacó para que ele imitasse seu irmão e enganasse seu pai. A roupa falsa, as peles em seus braços e a mudança de voz representam um homem que está desesperado para conseguir a bênção de seu pai passando-se por outra pessoa.

Esta necessidade de afirmação e aprovação do pai é universal. Ela não faz acepção de pessoas. Quer sejamos pastores ou leigos, a necessidade é tão profunda que, quando não é atendida, suas repercussões ecoam por muitos anos ao longo da estrada. Vi um exemplo claro dessa verdade na vida de um homem que é muito meu amigo. Esse homem, grande como um urso, foi jogador de futebol da Liga de Futebol Americano durante muitos anos. A sua imensa estrutura de "armário", no entanto, escondia uma alma muito ferida. Durante toda a sua carreira atlética, aquele homem havia tentado chamar a atenção de seu pai para assistir a um de seus jogos. No ensino médio, na universidade e nas competições, ele deixava entradas para seu pai no portão, mas elas nunca eram apanhadas.

Finalmente, seu pai assistiu a um jogo profissional do time Houston Oiler, onde meu amigo estava começando a atuar na defesa. A presença de seu pai o inspirou tanto que ele driblou o zagueiro, fez cinco bloqueios sem ajuda, e impediu um gol de campo. Depois do jogo, ele foi direto até à arquibancada para ouvir o encorajamento de seu pai. A bênção tão desejada, porém, soou como um golpe devastador: "Por que você deixou aquele cara pequeno ficar correndo à sua volta?" seu pai perguntou.

Daquele momento em diante, a vida daquele jovem perdeu o controle. Este é o mesmo testemunho triste de muitos homens que podem traçar a origem de sua rejeição a partir de um único instante em que o tempo parou diante do desprezo de seus pais.

Um ministro que conheço contou-me como o tempo parou para ele quando seu pai saiu de casa, quando ele era apenas um menino de dez anos. Desesperado por tentar impedir que seu pai partisse, ele colocou um bilhete no volante do carro do pai, dizendo: "Se você me ama, por favor, não vá embora". Seu pai simplesmente pegou o bilhete, amassou-o, e atirou-o em seu filho, atingindo-o no peito. A rachadura resultante disso foi profunda e durou muitos anos. Finalmente, com a graça de Deus, pai e filho restauraram seu relacionamento, e o pai chegou a frequentar a igreja de cinco mil membros de seu filho. Mas pense no desgosto e nas lutas que marcaram a vida de pai e filho por anos.

Recentemente, dirigi um Retiro de Encontro para Pastores (um tipo especial de retiro que costumamos fazer em minha igreja, a Bethany World Prayer Center em Baton Rouge, Louisiana) para um grande grupo de pastores do centro-oeste. Depois que ensinei sobre o tema da rejeição de Jacó e da ferida relacionada ao pai, um pastor titular que havia construído um maravilhoso templo novo para sua congregação de mil membros aproximou-se de mim e disse: "Eu sou Jacó".

Aos três meses de idade, aquele homem havia perdido seu pai. Ele havia procurado, sem sucesso, um mentor espiritual que o apoiasse e que também lhe desse responsabilidade. Ele me disse que se sentia inseguro e instável sem qualquer motivo. Ele e sua linda esposa haviam orado com relação à sua ansiedade injustificada de que ele pudesse cair em pecado e de algum modo destruir seus preciosos filhos pequenos.

Depois de orar naquela manhã, Deus curou seu coração, e no dia seguinte, ele deu o passo no sentido de formalizar um relacionamento com um ministério que pastorearia sua vida. E se milhares de pastores feridos, cujas identidades estão escondidas pelas realizações, pudessem encontrar a estabilidade de serem mentoreados por pais espirituais que os notassem e os apoiassem? O que aconteceria se membros de igrejas que estão vivendo com enormes buracos em seus corações pudessem encontrar o bálsamo do apoio paternal pelo qual anseiam tão desesperadamente? Acredito que toda a face do Cristianismo mundial seria transformada.

Preciso honrar meu pai com relação a isso. Os seus mais de sessenta anos de casamento e ministério sem mancha construíram um fundamento profundo de estabilidade em minha vida. Como um jovem jogador de basquete, lembro-me de quando a porta do ginásio se abria e aquele certo homem de estatura mediana subia as arquibancadas para se sentar na fileira mais alta. Minhas costas se endireitavam, meu andar acelerava, e eu jogava com concentração total. A sua única frase de apoio, tanto naqueles jogos quanto mais tarde nos meus anos de realizações, tem sido a corda de resgate do meu sucesso.

Mas e quanto às dezenas de milhares de cristãos a quem falta esta força interior que só vem através da afirmação e do apoio? Em um retiro de pastores que fizemos juntos, James Robison contou como foi quando sua mãe, solteira, o entregou a um pastor que o criou até os dez anos. Quando sua mãe voltou para buscá-lo, ele se lembra de ter sido arrastado de debaixo de sua cama, com as unhas arranhando o chão. Ele lutou por aprovação durante toda a sua vida ministerial, e isto finalmente o levou ao limite de flertar com a tentação na área moral.

Em meados dos anos 90, porém, ele foi liberto e desde então se estabeleceu como um dos líderes mais compassivos, ministrando aos que sofrem e aos necessitados. Seu testemunho dá a todos a esperança de que Deus pode curar seus corações e firmá-los como crentes verdadeiros, eficientes, transparentes, embora eles possam não ter tido o benefício de um pai natural ou de um pai que os apoiasse.

O TRATAMENTO:
GOVERNO E MENTOREAMENTO ATRAVÉS DO APÓSTOLO

Todo o governo da igreja deveria fluir de um ambiente de afirmação, aprovação e aceitação. Seja em uma igreja que faça parte de uma denominação ou em uma igreja independente, os pastores e os membros da igreja precisam de pais espirituais. A igreja primitiva não desenvolveu uma supervisão burocrática intocável que só inspecionava propriedades e contava níqueis e narizes. Eles tinham supervisores e presbíteros que forneciam uma estrutura de mentoreamento para apoiar, aconselhar, e corrigir, se necessário.

Governo é a operação de pais espirituais maduros que desenvolvem e mentoreiam aqueles que estão sob a sua tutela como se fossem filhos. Caso ocorra uma falha de algum tipo em uma igreja que possui um governo adequado, o pastor titular sabe claramente quem está no cargo para restaurá-lo ou substituí-lo. Além disso, os membros estão seguros porque sabem que as coisas não passam desapercebidas e que, até mesmo um pastor muito amado que viole os limites pré-determinados, será removido, impedindo assim que prejudique as ovelhas. O governo fornece a função apostólica ao ministério. Esta necessidade de supervisão é mais adequadamente preenchida nos círculos denominacionais; em milhares de igrejas independentes, no entanto, ela está lamentavelmente ausente. Mas até mesmo bons líderes denominacionais que são fortes no governo estão percebendo a importância de equilibrar este aspecto com o da paternidade. Como resultado, denominações inteiras estão passando para um estilo de supervisão que não é burocrático e oficial, mas que inclui o apoio paternal e o mentoreamento. Sem esta mudança, as "rodas" do "veículo" estão prestes a cair. Sem pais espirituais, até líderes de igrejas de sucesso com frequência são destruídos por causa de suas inseguranças internas.

Uma função secundária dos pais espirituais é assegurar que os filhos se reúnam. Em Baton Rouge, temos realizado há cinco anos uma reunião mensal de sucesso entre doze a quinze pastores de área. Nós nos intitulamos os Pastores Progressivos e juntos representamos a maioria das grandes igrejas de nossa cidade. Embora tenhamos origem em diversos grupos e denominações, todos nós ansiamos por comunhão, paternidade, e afirmação.

Antes de nos reunirmos, as muralhas da insegurança e da competição entre nós eram muito altas. Quando começamos a nos reunir, nós nos comprometemos a estar visitando uma igreja diferente por mês e a não perder uma reunião a não ser que estivéssemos fora da cidade. Agora, com quase 100 por cento de frequência todos os meses, os pastores deste grupo têm pregado regularmente nas igrejas uns dos outros, e não há qualquer sentimento de "fazer pose", de impressionar ou de competir. Ficamos juntos, trabalhamos juntos, rimos juntos, e ministramos uns aos outros. Este é o fruto de uma sensação de governo de paternidade, mentoreamento e responsabilidade em uma cidade.

Todo cristão precisa de algo semelhante em sua própria vida, e, em minha opinião, um pequeno grupo onde o mentoreamento e a paternidade ocorrem é o que funciona melhor. Em nossa igreja, a Bethany, temos uma grande quantidade de pequenos grupos de homens (e mulheres) que se reúnem semanalmente, onde líderes maduros trabalham com homens mais jovens. Em uma geração órfã, descobrimos que, em um tipo de relacionamento de mentoreamento, os homens reagem melhor a um homem cerca de dez anos mais velho que ele (ou mais). Até mesmo usuários de drogas pesadas em recuperação, pessoas com fichas criminais, e jovens vindos de lares sem pais estão reagindo de uma forma incrível ao apoio de um mentor cristão que acompanha o progresso deles e expressa a sua alegria e o seu orgulho por suas realizações. Este é o efeito de relacionamentos verdadeiros, transparentes, que declaram vida entre homens no corpo de Cristo.

Como escrevi neste capítulo, estou ministrando para uma grande irmandade de ministros de igrejas não-denominacionais e independentes no noroeste dos Estados Unidos. Mais de setecentos pastores chamam este grupo de "lar", e ele é dirigido por um pai espiritual maduro de setenta e sete anos. O seu jeito manso e de fala suave camufla o fato de que centenas de pastores e figuras apostólicas de importância de todo o mundo se identificam alegremente com ele.

Da Índia, do Brasil, da Europa, eles estão aqui por causa deste calmo apoio e desta visão firme e direta com relação a

missões. A profunda admiração deles por seus quarenta anos de
pastoreado com êxito e a sua falta de pressão, de controle e de
agenda fazem com que eles anseiem pelo mentoreamento deste
homem em suas vidas e deem boas-vindas a ele. Este homem
manso capacitou com poder onze diretores regionais nos Estados Unidos, que trabalham no mesmo espírito com aqueles que
se encontram geograficamente mais próximos.

Vamos seguir o exemplo deste homem de Deus e vi-
rar este jogo! É tempo dos pastores encontrarem seus mentores
espirituais, aqueles com quem eles contam para terem apoio e
aprovação. É tempo de dizerem às suas congregações quem são
essas pessoas e estabelecerem uma interação regular com elas. É
tempo dos cristãos em todo lugar reconhecerem a importância
da paternidade espiritual e começarem a encontrar formas de dar
e receber a paternidade de que tão desesperadamente necessitam.

Com esta multidão de conselheiros, todos os cristãos
podem ter uma fonte de ajuda para tomarem decisões importantes e buscarem direção. Então, quando tiverem encontrado
seus pais espirituais, eles poderão por sua vez procurar os seus
colegas, talvez um pouco mais jovens do que eles, os quais anseiam desesperadamente por apoio. Assim, será estabelecida uma
corrente de capacitação com poder e prestação de contas, tudo
fluindo da unção apostólica de Jesus e do Seu relacionamento
com Seu Pai: "A fim de que todos sejam um; e como és Tu, ó
Pai, em Mim e Eu em Ti, também sejam eles em nós; para que
o mundo creia que Tu Me enviaste" (Jo 17:21).

O dom apostólico traz afirmação e corrige a primeira
disfunção na igreja, mas há uma segunda dimensão muito necessária para os líderes espirituais: o profético. Este ofício dos
cinco ministérios traz confronto, prestação de contas, e disciplina, e é o segundo problema a ser tratado quando lidamos com
a disfunção na igreja.

CAPÍTULO 2

PADRÕES PARA UMA IGREJA QUE NÃO RECEBE CORREÇÃO

Não aceites denúncia contra presbítero, senão exclusivamente sob o depoimento de duas ou três testemunhas. Quanto aos que vivem no pecado, repreende-os na presença de todos, para que também os demais temam. Conjuro-te, perante Deus, e Cristo Jesus, e os anjos eleitos, que guardes estes conselhos, sem prevenção, nada fazendo com parcialidade.

— 1 TIMÓTEO 5:19-21

Tanto no Antigo quanto no Novo Testamento, o profeta era um indivíduo que ministrava a partir de uma posição de objetividade. Ele "dava nome aos bois" e ousava confrontar tanto reis quanto sacerdotes. Natã confrontou Davi, Elias confrontou Acabe, e João confrontou Herodes. A obrigação de prestar contas era inerente ao ofício profético e tinha a intenção de trazer libertação, e não destruição.

Davi foi um bom rei, mas não foi um pai muito bom. Seu filho Adonias era muito obstinado, e Davi "nunca o disciplinou em momento algum, nem mesmo perguntando: 'O que você está fazendo?'" (1 Rs 1:6, NLT). O resultado foi que Adonias se tornou uma praga de rebelião para a nação. O que Davi, o pai, achava que aconteceria se permitisse que a influência de seu teimoso filho crescesse sem que ele enfrentasse as consequências de seu comportamento indesejável?

No best-seller *Boundaries with Kids* (Limites para os Filhos), o Dr. Henry Cloud e o Dr. John Townsend dão uma fórmula para criar filhos funcionais: liberdade = escolhas = consequências = amor.[1] Deus deu a Adão e Eva liberdade para comerem de qualquer árvore do jardim, com uma exceção. A escolha errada que fizeram os conduziu a uma consequência previamente determinada: "Certamente morrerás" (Gn 1:17). Essa escolha errada também acarretou sua expulsão do Éden, assim como Deus havia dito. Mas essa expulsão, embora fosse uma consequência justificável, veio com o amor de Deus e demonstrou a eles esse amor. Deus demonstrou misericórdia a Adão e Eva cobrindo-os com peles, mas de modo algum mudou as consequências de seus atos.

Os Doutores Cloud e Townsend indicam que muitas vezes interrompemos a lei natural de plantar e colher quando lidamos com nossos filhos. No entanto, não pode haver mudança de caráter sem dor. Uma criança que nunca sente a dor como consequência de suas escolhas erradas irá repeti-las constantemente.[2]

O mesmo acontece com os líderes espirituais e com todos aqueles que seguem a Cristo. Por que deveríamos pensar que aqueles que não sofrem nenhuma consequência por suas escolhas erradas mudarão ou farão algo diferente? Paulo disse: "Nenhuma disciplina parece ser motivo de alegria no momento, mas sim de tristeza. Mais tarde, porém, produz fruto de justiça e paz para aqueles que por ela foram exercitados" (Hb 12:11, NVI).

Quando você permite que as pessoas sofram as consequências resultantes de escolhas financeiras erradas, elas aprendem a não gastar demais. Quando você permite que um filho vá para a cadeia por dirigir acima do limite permitido ou por usar drogas e se recusa a pagar a fiança para que ele saia, esse filho aprende a valorizar a carteira de motorista ou um ambiente seguro. A nossa cultura que diz "você tem direito a tudo", infelizmente produziu uma geração mimada de filhos que, depois de receberem um presente de Natal caríssimo, precisam ouvir diversas vezes a pergunta: "E então, o que você achou?".

DISFUNÇÃO 2:
A IGREJA QUE NÃO É CORRIGIDA

O mesmo acontece na igreja disfuncional. Ela não apenas não tem pais espirituais, como também não é corrigida. Quando líderes cristãos cometem erros morais, mas optam por se esquivar de sua suposta supervisão espiritual, é porque, na verdade, *ela nunca existiu*, para início de conversa. Esses líderes podem ter fingido ser submissos e responsáveis, mas, a não ser que a prestação de contas a um superior seja legalmente parte do estatuto de suas igrejas, é fácil se esquivar. Quando os crentes mudam de igreja como se estivessem trocando de roupa, não seria porque lá no fundo eles não querem prestar contas a ninguém e encobrem isso dizendo que estão sentindo a "direção de Deus" para irem para outro lugar?

Um dos principais líderes cristãos dos Estados Unidos lamentou comigo sobre o número de ministros muito conhecidos que o consideravam como o seu líder espiritual - alguém a quem deviam prestar contas - mas que passavam anos sem se comunicar com ele. Quando o fracasso moral desses homens veio à tona, as pessoas que estavam a par do relacionamento deste líder com aqueles ministros questionaram a ausência de ação por parte do mesmo. Quando estávamos discutindo o assunto, eu disse a ele: "Se isso não estiver escrito nos seus estatutos, você não terá autoridade para agir". Ele respondeu: "Gostaria que você escrevesse um livro sobre isto". Então, é o que estou fazendo.

A história de um pastor de uma mega-igreja em especial, que tinha um relacionamento muito próximo com o seu supervisor fundador por quase vinte anos, deixou-me impressionado. Enquanto o supervisor visitava o pastor todos os meses para encorajá-lo e ajudá-lo a edificar a igreja, a igreja cresceu, passando de um punhado de pessoas para mais de quatro mil. Mas então, veio à tona uma acusação contra o pastor, indicando que ele teria um relacionamento inadequado. A partir daquele momento, o pastor cortou o relacionamento com o supervisor, e continuou seguindo em direção à sua própria ruína, bem diante dos olhos da comunidade e em detrimento da congregação.

Como anda o pastor, assim anda a congregação. Quando o pastor é um solitário que não presta contas a ninguém a não ser ao Senhor, não é de admirar que o seu povo adote a mesma postura. Quando um líder amoroso tenta falar com eles sobre um fracasso moral ou quando o pastor começa a desafiá-los na sua zona de conforto e a exortá-los para viverem por fé, eles silenciosamente (e às vezes nem tão silenciosamente) fazem as malas e partem. Afinal, vivemos em um país livre, e ninguém tem o direito de nos dizer o que fazer, certo?

Errado! Todos nós precisamos prestar contas a outros pelo que fazemos ou deixamos de fazer. Somos responsáveis por nossas decisões, e quando violamos os padrões da Palavra de Deus, devemos esperar sofrer as consequências. Expectativas vagas e escolhas sem consequência, porém, geram confusão. Até o mundo sabe disso. Políticos enfrentam consequências graves junto aos seus constituintes quando cometem falhas morais. Atletas que quebram as regras, têm ataques de nervos ou usam drogas, muitas vezes são suspensos por temporadas inteiras. Será que a igreja pode exigir menos dos seus?

O mundo considera o abuso de autoridade da igreja e a sua recusa em prestar contas como o máximo da hipocrisia. O corpo de Cristo e seus líderes precisam ter pais espirituais sobre suas vidas que atuem tanto no papel de apoio (o apóstolo) quanto no papel de correção (o profeta). Afinal, Deus atua com graça e verdade (Jo 1:17).

O TRATAMENTO: PRESTAÇÃO DE CONTAS E PADRÕES ATRAVÉS DO PROFETA

Paulo ensinou em 1 Timóteo 5:21 que devemos "guardar estes conselhos, sem prevenção, nada fazendo com espírito de parcialidade". Se você se tornar tão orgulhoso espiritualmente a ponto de achar que ninguém pode corrigi-lo e discipliná-lo, você se isentou da disciplina da lei e exige que a *sua* disciplina seja relativa. Entretanto, quando as consequências são relativas e não baseadas na realidade (dor), não há nenhuma mudança de caráter.

Os Doutores Cloud e Townsend indicam que as consequências relativas, como a crítica incessante, a culpa e a retenção do afeto, nunca transformam realmente o caráter. Somente as consequências baseadas na realidade (consequências automáticas que resultam diretamente de atos e escolhas) têm o poder de nos transformar. Embora possamos tentar manipular e dar um jeito de nos safarmos dos problemas que causamos, as consequências ainda terão de acontecer se quisermos aprender, crescer, e mudar. [3]

Você pode se perguntar: "E quanto à compaixão e a empatia?" Deus demonstrou empatia para com Adão e Eva cobrindo o pecado deles com peles. Ele os perdoou e continuou a amá-los, mas permitiu que eles arcassem com as consequências do que haviam feito. Como estão confusos os pais e os líderes de igrejas que deixam de impor as consequências prometidas, impedindo assim que as mesmas tenham a chance de fazer a sua obra em um indivíduo!

"Homem de grande ira tem de sofrer o dano; porque, se tu o *livrares*, virás ainda a fazê-lo de novo" (Pv 19:19, ênfase do autor). Permitir que as consequências ocorram envia uma mensagem à alma da pessoa envolvida: *Não tenho como escapar disto*. Podemos amar, apoiar, simpatizar, ajudar e encorajar – mas nunca livrar. Este é o princípio dos *padrões* em ação. Uma régua de 33 centímetros é ridícula. Na verdade, é impossível, porque o tamanho padrão de uma régua é 30 centímetros, e somente 30 centímetros! Do mesmo modo, o papel do profeta é nos lembrar dos padrões de Deus e executá-los.

A igreja pode se governar sozinha? Será que ela tem coragem para se levantar e corrigir a si mesma? Será que os líderes e os crentes possuem a coragem para cuidar da sua própria disciplina e permitir que o processo funcione, mesmo quando discordam entre si? Será que eles se submeterão à supervisão profética de homens maduros que amorosamente recomendem um curso de ação que seja honroso, mesmo quando outros protestem dizendo que "não sentem amor" nisso? Se a igreja se comprometer com padrões éticos e morais mais elevados até mesmo do que aqueles com os quais os profissionais da Medicina ou do Direito se comprometem, o mundo voltará a recorrer a nós em busca de direção moral.

A paternidade para uma igreja que não tem pais e os padrões para uma igreja que não tem correção estabelecerão um novo fundamento através do qual tocaremos as nações. A segurança e a sinceridade reinarão. Creio que o povo correrá aos milhões para se tornar parte de algo que considera como relacional e real. A cruz será restaurada ao lugar de proeminência que lhe é devido. O evangelismo se tornará algo natural à medida que a igreja se tornar irresistível aos olhos dos perdidos. A arte perdida do discipulado voltará às congregações, e milhões de crentes infrutíferos viverão aquilo que sempre sonhamos: a multiplicação.

CAPÍTULO 3

MULTIPLICAÇÃO PARA UMA IGREJA INFRUTÍFERA

Eu vos escolhi a vós outros e vos designeis para que vades e deis fruto, e o vosso fruto permaneça.

- JOÃO 15:16

Jesus passou por uma figueira e repreendeu-a por não ter nada além de folhas. É possível ter *resultados* sem ter *frutos*. O fruto permanece: "Eu vos escolhi a vós outros e vos designeis para que vades e deis fruto, e o vosso fruto permaneça" (Jo 15:16). Esse é o mandamento de Jesus para nós, mas infelizmente poucos estão realmente cumprindo esta ordem e gerando frutos que permaneçam.

DISFUNÇÃO 3: ESTERILIDADE

A esterilidade é a terceira disfunção da igreja, e ela diz respeito ao ofício do evangelista. Mas o problema ocorre porque a nossa ideia típica de evangelismo gira em torno de um evento, uma cruzada ou uma programação. Através desses encontros, podemos ver inúmeras respostas, mas cinco anos depois não haver nenhum fruto que permaneça.

"Se esses eventos são tão infrutíferos", você deve estar se perguntando, "quem, então, está enchendo as nossas igrejas que estão abarrotadas?" A resposta é que muito do crescimento que percebemos é simplesmente devido à transferência, ou seja, o movimento de crentes que passam de uma igreja para outra. Alguém disse que o crescimento por transferência é semelhante a fazer com que todos dentro de uma sala troquem de cadeira dentro da mesma sala. Vemos muita atividade e agitação, mas, na verdade, nada mudou.

Quando o mesmo acontece em nossas igrejas, o saldo dessa operação para o reino de Deus é igual a zero. Os nossos melhores esforços de fim de semana atraindo ou entretendo multidões podem estar resultando na *adesão* à nossa igreja, mas isto não é *multiplicação*. Não existe a produção de frutos que permaneçam.

Existem basicamente três níveis de participação em toda igreja: frequentadores, membros e multiplicadores. Os frequentadores são aqueles que esporadicamente fazem de uma determinada igreja o seu local de culto. Eles não se comprometem financeiramente, não frequentam o local com assiduidade, não se envolvem com os pequenos grupos de estudo, mas consideram uma determinada igreja como a "sua igreja", principalmente no Natal e na Páscoa.

Certa vez, descobri esta mentalidade de "frequentador" em um homem que encontrei em um posto de gasolina. Como é meu costume, perguntei: "Que igreja o senhor frequenta?" Quando ele respondeu que frequentava a Bethany (minha igreja), decidi me aprofundar um pouco mais. "Eles não possuem três sedes? Qual delas o senhor frequenta?", perguntei casualmente. O homem anunciou orgulhosamente que frequentava a igreja do setor norte, e respondi perguntando: "É mesmo? Quem é o pastor da igreja?". Bem, o homem não sabia responder, e estou certo que você pode imaginar o olhar dele quando respondi calmamente: "Eu sou o pastor".

Isto, meu amigo, é um frequentador!

Os membros estão no segundo nível de envolvimento. Eles possuem o compromisso da frequência semanal, entregam seus dízimos e participam de pequenos grupos de estudo. Os membros estão progredindo para o discipulado, mas podem não estar necessariamente andando em pureza, sentindo um fardo de oração pelos perdidos, ou saberem discipular outra pessoa. É aí que o verdadeiro evangelismo entra em ação.

O verdadeiro evangelismo vem do discipulado. Os crentes recebem vida quando alguém retira os galhos mortos do pecado, do cativeiro e do medo de suas vidas. Quando eles são discipulados deliberadamente, recebem poder para romper com o teto da condição de *membro* e subir para o nível de um *multiplicador*. Esta responsabilidade de discipular é uma tarefa reservada não apenas ao pastor, mas a todos que se intitulam seguidores de Cristo. Todos nós precisamos estar discipulando outros, os quais por sua vez discipularão outros.

O TRATAMENTO:
MULTIPLICAÇÃO ATRAVÉS DO EVANGELISTA

Crentes maduros em crescimento são o que garante a multiplicação, e o discipulado que faz isto acontecer é visto no ofício do evangelista. Paulo descreveu este fenômeno em 2 Timóteo 2:2: "E o que de minha parte ouviste através de muitas testemunhas, isso mesmo transmite a homens fiéis e também idôneos para instruir a outros". A igreja primitiva não tinha prédios, colunas, ou sistemas de som. O que eles tinham era o discipulado individual, e esse sistema liberava um poder natural que encheu todo o mundo conhecido.

Vamos dar uma olhada no método de Paulo para promover o crescimento da igreja através do crescimento de seus membros: "O qual nós anunciamos, advertindo a todo homem e ensinando a todo homem em toda a sabedoria, a fim de que apresentemos todo homem perfeito em Cristo Jesus" (Cl 1:28).

1. "O qual anunciamos" (ganhando almas)

Tudo começa quando proclamamos o evangelho e um pecador atende a nossas palavras. No entanto, a maioria de nós para por aqui, e mesmo assim chamamos isso de evangelismo. Na verdade, isto é adesão; cada passo depois deste é o que gera a multiplicação.

2. "Advertindo a todo homem" (santificando o corpo, a mente e o espírito)

Isto inclui a quebra deliberada de hábitos, cadeias e fortalezas na vida dos novos crentes. O foco está em livrá-los das influências negativas que os destroem. Na Bethany Church, usamos as nossas aulas conhecidas como "Jornada"* e os fins de semana de "Retiro para Encontro" para fazer isso (são vinte semanas de aulas, incluindo o retiro de fim de semana).

3. "Ensinando a todo homem" (transmitindo sabedoria e ordem através das Escrituras)

Isto diz respeito a estudos doutrinários e bíblicos detalhados para edificar a fé, o propósito, a visão, e o discipulado sério. Na Bethany Church, fazemos isto em três períodos letivos de doze semanas de instrução sobre família, finanças, relacionamentos, oração, doutrina e treinamento ministerial. Chamamos estas aulas de "Descoberta"*.

4. "APRESENTANDO TODO HOMEM PERFEITO EM CRISTO JESUS" (MULTIPLICAÇÃO)

Agora estamos prontos para multiplicar! Deus pode pegar os cristãos "modelo" e usá-los para moldar as vidas de outros novos crentes. Um crente realmente discipulado é a maior ferramenta evangelística de Deus.

O Dr. Bill Bright, fundador da *Campus Crusade for Christ*, ilustrou estas estratégias em seu livro *5 Steps to Making Disciples* (5 Passos para se Fazer Discípulos). Ele deu o exemplo de um de seus discípulos que voltou para a Tailândia e discipulou sete mil crentes. Um desses sete mil pregou pessoalmente para mais de duzentas mil pessoas durante sua vida e viu mais de vinte mil receberem a Cristo![1] Isto é multiplicação – não um evento de esforço infrutífero de entretenimento, mas uma reação em cadeia de vidas transformadas que cresce exponencialmente.

Atualmente, a Bethany Church faz missões a partir de um modelo de multiplicação instaurado. No ano 2000, estava falando com um representante dos Gideões Internacional, a organização de distribuição de Bíblias que envia milhões de cópias da Bíblia anualmente. Ele explicou que eles haviam dividido o mundo em doze regiões, e que ele presidia a área do

---

* "Jornada" e "Descoberta" são cursos de discipulado individual em formato de livros, elaborados pelo próprio pastor Larry Stockstill. O material possui diferentes níveis, que vão desde os fundamentos do Cristianismo até a formação e treinamento de líderes cristãos. Todos os materiais foram publicados no Brasil pela EDILAN e podem ser adquiridos em língua portuguesa através do site www.edilan.com.br

Oriente Médio. Senti uma direção do Senhor durante aquela conversa de que eu deveria fazer missões dessa forma, pelo menos durante a próxima década.

Comecei com o mapa dos Gideões das zonas mundiais e descobri em cada zona um líder forte de missões com quem eu já estava trabalhando. Em 2001, todos nós nos encontramos em Zurique, na Suíça, e delineamos uma estratégia para cada homem encontrar e preparar o melhor líder nacional que pudesse localizar em cada uma das quinze a vinte nações de sua região. Dois anos depois, quando essa tarefa começou a ser concluída, nós comissionamos todos esses líderes nacionais a encontrarem uma equipe de líderes (até doze) em seus próprios países.

Nós nos comprometemos a financiar durante um ano qualquer bom pastor nacional que quisesse plantar uma igreja e prestar contas de seu ministério a um dos nossos líderes de rede. Começamos a plantar igrejas em várias denominações em todo o mundo, e assim nasceu o Projeto Global 12.

Essa rede simples já plantou mais de dezesseis mil igrejas desde janeiro de 2008, e até o final de 2009 já havíamos contabilizado mais de vinte mil igrejas. Nossos estudos demonstram que para cada igreja pela qual nós pagamos, os líderes nacionais pagaram mais quatro. A multiplicação está acontecendo por causa de uma multiplicação de líderes responsáveis. Os resultados têm sido impressionantes, e temos recebido doações de até um milhão de dólares direcionadas ao plantio de quase novecentas igrejas de uma vez!

O que aconteceria em nossos países se tivéssemos igrejas cheias de multiplicadores? O que aconteceria se cada um deles ganhasse uma alma e depois levasse essa pessoa a ser liberta de suas cadeias interiores e de suas feridas e a ser inteiramente treinada para libertar outras? Cada pessoa discipulada iniciaria uma reação em cadeia de multiplicação, e a igreja não dependeria mais da personalidade ou da presença de um pastor carismático, mas de milhares de "embaixadores".

Foi isto que a igreja primitiva fez quando não tinha o benefício de prédios, Bíblias, fitas, CDs, livros, concertos, peças teatrais, computadores, televisão, ou rádio. O foco deles estava em fazer discípulos e multiplicá-los. Quando nós mudarmos a nossa percepção do que é uma igreja normal e funcional, a pressão sobre o desempenho cessará.

Ao escrever este capítulo, estou a caminho da Coréia para pregar na maior igreja do mundo, a Yoido Full Gospel Church, em Seul, Coréia do Sul. Com setecentos e cinquenta mil membros, a história deles relata tempos em que possuíam cinquenta mil células ativas. O pastor, o Dr. David Yonggi Cho, "permitia" que os grupos evangelizassem somente uma família a cada seis meses, e eles ainda acrescentaram cinquenta mil novos membros! Este evangelismo explosivo aconteceu nas mãos de crentes comuns, soldados rasos das fileiras do exército de Deus, e não nas mãos de alguma personalidade de renome chamada para atrair uma multidão.

A equipe ministerial da Yoido Full Gospel Church está na sua melhor forma. O verdadeiro discipulado está prosperando como resultado de uma imensa rede de relacionamentos ligados, traçada semanalmente por toda a extensão das massas sofredoras de Seul. Igrejas em todo o mundo copiaram, modificaram e adaptaram o modelo do Dr. Cho para se tornarem poderosos centros de discipulado e multiplicação. O poder não aproveitado do crente comum foi desatado, e o verdadeiro crescimento no reino de Deus está ocorrendo à medida que o discipulado individual tem passado para o primeiro plano do ministério pessoal e corporativo.

A *paternidade* nasce a partir do mentoreamento, do apoio e do governo apostólicos, tão necessários aos cristãos de hoje em dia. A *correção* é fruto da prestação de contas profética destemida, disposta a manter padrões, a *impor* as consequências do fracasso, e a oferecer uma empatia cheia de misericórdia para a transformação do caráter de líderes e crentes que caíram. A *frutificação* acontece quando o *evangelismo* é associado ao discipulado intencional, e o resultado é a multiplicação.

Contudo, a cura da igreja disfuncional não estaria completa sem os pastores. "Ele deu alguns para pastores" para curar as feridas internas e as dificuldades dos crentes. Os pastores são a segunda fase do modelo de Paulo em Colossenses 1:28: "advertindo a todo homem".

CAPÍTULO 4

CURA PARA UMA IGREJA QUE NÃO FOI CURADA

Curam superficialmente a ferida do Meu povo, dizendo:
Paz, paz; quando não há paz.

– JEREMIAS 6:14

A quarta disfunção da igreja moderna é que ela está ferida e não foi curada. Jeremias reconheceu e falou sobre isso em Jeremias 6:14. A versão New King James expressa desta forma: "Eles também curaram a ferida do Meu povo de maneira superficial, dizendo 'Paz, paz!', mas não há paz"; e a versão New Century diz: "Eles tentaram curar os graves ferimentos do Meu povo como se fossem feridas leves. Eles disseram: 'Tudo bem, tudo bem'. Mas, na verdade, não está tudo bem".

DISFUNÇÃO 4:
A IGREJA QUE NÃO FOI CURADA

Uma igreja não curada tem profundas feridas internas que somente a cruz pode curar. À medida que a mensagem da cruz vai deixando de ser o centro das atenções, concentramos nossa atenção em torno de personalidades (1 Co 1). A cruz, porém, é a mensagem central da igreja porque ela destrói o orgulho, liberta do cativeiro, libera a bênção e une as pessoas.

Na Bethany Church, vimos mais de dez mil de nossos membros frequentarem os nossos Encontros de finais de semana. Em oito poderosas sessões, os crentes visitam a cruz para lidarem com a rejeição (feridas relacionadas ao pai), com a falta de perdão, com os vínculos espirituais e mentais com as fortalezas demoníacas (muitas vezes adquiridos por ignorância), e com o cativeiro sexual. Como podemos achar que os novos crentes podem preencher um cartão ou fazer a oração de arrependimento, mas não têm necessidade de tratar com as cicatrizes emocionais e mentais que levaram toda uma vida para serem criadas?

O poder da cruz para transformar vidas é evidenciado em um de nossos líderes mais fortes na Bethany Church. Este homem hoje possui a sua própria companhia de seguros, extremamente bem sucedida e uma vida cristã produtiva, mas nem sempre foi assim. Você nunca diria, ao olhar para ele, que esse homem um dia foi usuário de drogas, jogador e conquistador de mulheres (embora tivesse frequentado uma universidade cristã!). Embora possuísse enormes dons pessoais, eles estavam completamente obscurecidos por seus apetites descontrolados.

Convidado para comparecer a um Encontro, este homem concordou em ir, e ali, naquele fim de semana de suma importância, ele foi liberto do vício da cocaína e de uma série de outros vícios. Ele e sua linda esposa agora são crentes que se sentam na primeira fila na Bethany Church, o seu negócio está prosperando, e ele lidera um pequeno grupo para homens que estão se recuperando das drogas. Ele até ensina algumas vezes em nossos Encontros, e o seu testemunho de vida do poder da cruz para transformar totalmente os corações faz dele um favorito para os testemunhos a cada Encontro.

Em muitas de nossas igrejas, porém, a cruz é considerada excesso de bagagem, o resquício da mensagem do século passado que não se identifica com a geração do iPhone. Nós a escondemos, a disfarçamos, e a deixamos para trás. Nós motivamos, entretemos e impressionamos as pessoas, enquanto os nossos principais líderes continuam se divorciando, assistindo pornografia, e criando filhos rebeldes e violentos. É isto que acontece quando nos esquecemos da cruz e de sua mensagem poderosa e negamos o seu poder para aqueles que precisam dele tão desesperadamente.

A cruz foi o segredo da cura de Israel no deserto. A murmuração e a reclamação deles permitiu que uma praga de serpentes demoníacas invadisse o acampamento. Somente uma revelação da cruz no deserto foi capaz de neutralizar aquele veneno (Nm 21:8). Do mesmo modo, o veneno do nosso passado pode ser removido de forma sobrenatural se olharmos para trás, para os acontecimentos da cruz.

O que acontece no coração dos crentes quando eles têm uma revelação da cruz? O seu poder de salvar vidas não é menor do que foi para Israel no deserto. Estudando as feridas de Cristo, os crentes podem receber fé para libertação em todas as áreas. Relacionadas abaixo estão algumas das coisas que os crentes precisam saber que lhes pertencem por causa do que Cristo sofreu em Seu corpo:

1. PAZ (SUA FRONTE)

Cristo começou a provar o cálice da ansiedade, da tribulação, e da pressão no Getsêmani. Ele escolheu a vontade de Deus e pagou o mais alto preço. O sangue veio até à superfície de Sua pele e rompeu os vasos capilares, um fenômeno resultante de uma pressão mental extrema. *Jesus levou os meus cuidados, as minhas preocupações e as minhas ansiedades sobre Si e me deu paz.*

2. CURA (SUAS COSTAS)

Isaías e Pedro profetizaram: "Por Suas chagas, fostes sarados" (1 Pe 2:24). Um dos deveres do oficial romano chamado de "lictor" era o de espancar os criminosos. Utilizando um chicote com tentáculos afiados como uma gilete, encaixados em couro e osso, o lictor sistematicamente despedaçava as costas da vítima enquanto infligia o brutal espancamento. Enquanto o espancamento ocorria, os tentáculos tortuosos do chicote voavam furiosamente pelas costas da vítima e batiam em seu rosto, geralmente desfigurando-o terrivelmente. Não é de admirar que Isaías tenha dito: "Sua aparência estava tão desfigurada que Ele Se tornou irreconhecível como homem" (Is 52:14, NVI). *Jesus levou a minha dor e agonia para que eu pudesse ser curado em todas as dimensões da vida.*

3. PERDÃO (SUAS MÃOS)

Colossenses 2:14 diz que Ele "tendo cancelado o escrito de dívida, que era contra nós... removeu-o inteiramente, encravando-o na cruz". Um escrito de dívida, no tempo de Jesus, era uma nota promissória escrita à mão. O antigo método de cancelamento de dívidas incluía colocar um prego na nota e pregá-la na propriedade adquirida quando a dívida estava paga.

Cada pecado do nosso passado é uma nota promissória escrita com a nossa letra. Quando Cristo foi crucificado, a nossa lista de notas promissórias espirituais foi pregada entre as Suas mãos e a cruz. *A dívida, a nota promissória, o mandado de prisão, receberam o carimbo de "Cancelado" quando recebemos o perdão de Jesus.*

4. VITÓRIA (SEUS PÉS)

O capítulo 2 de Colossenses diz ainda: "E, tendo despojado os poderes e as autoridades, fez deles um espetáculo público, triunfando sobre eles na cruz" (v. 15, NVI). Depois de uma vitória militar romana, o vencedor sempre colocava o pé sobre o pescoço do general vencido e prostrado, assim com Josué fez com os cinco reis em Maquedá (Js 10:16). Os cristãos devem olhar para cada circunstância difícil a partir da perspectiva da vitória da cruz e da ressurreição. *Por Sua morte na cruz, Jesus colocou a minha fraqueza, o meu medo e a minha derrota debaixo dos Seus pés* (Ef 1:22).

5. BÊNÇÃO (SUA CABEÇA)

O espinho é mencionado pela primeira vez em Gênesis 3:18 como parte da maldição que veio sobre Adão. Cristo foi coroado com espinhos, simbolizando que Ele estava tomando a dor, o sofrimento e a pobreza que entraram no mundo depois do pecado de Adão e Eva. A coroa de espinhos que Jesus usou representa o esmagamento do espírito de pobreza, dívida e falta. *Por causa disto, posso saber que "o meu Deus, segundo a Sua riqueza em glória, há de suprir, em Cristo Jesus, cada uma das [minhas] necessidades"* (Fp 4:19).

6. CURA INTERIOR (O SEU LADO)

O ferimento do lado direito de Cristo representa o quebrantamento do coração. *As feridas internas e o sofrimento das minhas experiências e circunstâncias são curados à medida que libero a amargura e experimento o perdão.*

O TRATAMENTO:
CURA ATRAVÉS DO PASTOR

A cura e libertação dos crentes é verdadeiramente o trabalho do pastor, o quarto dentre os cinco ministérios chamados. Um pastor vê seus membros não como números, mas como líderes dotados e talentosos cujo potencial precisa ser liberado. Davi disse: "Sara a minha alma" (Sl 41:4). Ele obviamente compreendia o processo pastoral, porque reuniu cerca de quatrocentos homens que estavam endividados, angustiados e descontentes (1 Sm 22:2) e deles formou os mais poderosos guerreiros da história. Do mesmo modo, os milhares de pessoas que superlotam nossas igrejas precisam receber atenção individual e cura.

Uma vez encontrei-me com a equipe de uma igreja de vinte e cinco mil membros e fiquei chocado ao descobrir que menos de cinco pastores contavam apenas com um gabinete de aconselhamento para atender às necessidades do rebanho. Aquela mega-igreja dirigida pelo púlpito não estava sequer tentando atender às verdadeiras necessidades internas de seus membros dando atenção individual a seus discípulos.

Um motivo pelo qual poucos crentes estão encontrando a ajuda de que necessitam é o fato de que os próprios pastores precisam de cura. "Médico, cura-te a ti mesmo" (Lc 4:23) era um provérbio popular nos dias de Jesus para expressar a frequência com que o próprio "médico" está doente. Para contra-atacar essa tendência na igreja, alguns homens de Deus e eu estamos agora dirigindo Encontros para pastores nas principais cidades dos Estados Unidos, a fim de oferecer aos pastores um lugar seguro onde possam liberar a amargura, a rejeição, a frustração e a tentação com as quais eles lidam como pastores. Estes retiros poderosos são muito semelhantes aos Encontros que temos para crentes na Bethany Church, porém em um ambiente protegido e emocionalmente seguro para líderes ministeriais.

Quando os pastores são curados, eles podem voltar para casa e se tornar canais de cura para suas congregações.

Independente da forma ou dos métodos que usamos para trazer cura (e existem muitos), o ponto principal é que a maioria dos cristãos só saiu do Egito, mas ainda não entrou na "terra prometida" do casamento feliz, das emoções estáveis e da vida santa. Na história do bom samaritano, o bom samaritano não apenas ressuscitou o estrangeiro, mas também "pensou-lhe os ferimentos, aplicando-lhes óleo e vinho... levou-o para uma hospedaria e tratou dele" (Lc 10:34). Os sacerdotes profissionais daquele tempo não notaram nem ajudaram o pobre estrangeiro, mas o samaritano fez o que os profissionais não fizeram e ministrou a cada área de necessidade.

Isto enfatiza uma segunda razão pela qual a igreja não é pastoreada: muitos pastores estão tentando fazer tudo sozinhos. Eles seguram as rédeas do ministério e se recusam terminantemente a outorgar poder ao rebanho para participar do alto chamado de pastorear, mesmo que não percebam que estão fazendo isso. Mas quando eles virem que o pastoreado, como o discipulado, é realmente responsabilidade de todo o corpo de Cristo, eles trarão os crentes maduros para o lado deles no ministério e os liberarão para os seus próprios atos de amor e serviço, assim como fez o bom samaritano.

Lembro-me de minha primeira tentativa de mergulho, na costa da Austrália, na Grande Barreira de Corais. Abaixo da superfície havia as mais estranhas criaturas imagináveis: moluscos de um metro e meio de altura com bocas azul neon, peixes estranhos, e uma série de corpos marinhos exagerados que eu nunca havia visto. Quando subi à superfície, porém, ali estavam os iates com as banhistas de biquíni: as "pessoas legais". Abaixo estava o "submundo", cheio de criaturas estranhas; acima estava o "supermundo", cheio daqueles que aparentemente tinham tudo sob controle.

Nós, cristãos, temos a tendência de nos concentrar no "supermundo", na família bem sucedida, careta, suburbana, que possui dois carros, que paga impostos, que dizima. Tendemos a nos distanciar daqueles que são muito diferentes, muito estranhos, e que perturbam demais a nossa sensibilidade requintada. Jesus, porém, pegou o submundo – os proscritos, os coletores de impostos, os possessos por demônios e os pobres – e os pastoreou. Ele os transformou em apóstolos, profetas, diáconos e líderes. Não podemos fazer nada menos do que isso.

O bom samaritano representa uma mudança de paradigma na nossa mentalidade que se preocupa com processamento de dados, contagem de vagas de estacionamento, preparação de orçamentos e prédios. A vítima sem nome que ele encontrou ao lado da estrada exigia toda a sua atenção, e ele a deu. Ele, na verdade, se tornou um *pastor de um só*, e este é o desafio para cada cristão em cada igreja. Talvez não possamos cuidar de todos, mas cada um de nós pode cuidar de uma pessoa, cuidando das suas necessidades, mostrando-lhe o caminho, e, de fato, pastoreando-a em direção à integridade e maturidade.

Nossas nações se tornaram tão disfuncionais que poderiam ser caracterizadas como sociedades pós-cristãs. A família de casamentos múltiplos, enlouquecida pelas drogas, e que se envolve em sucessivos relacionamentos sexuais casuais, produziu o que alguns psiquiatras chamam de *flatliners*: pessoas sem sentimentos, cujo coração é de pedra. Muitos jovens estão chegando a esta condição; o resultado é que são necessários cada vez mais estímulos para chegar a despertar neles a compaixão.

Precisamos parar de procurar nossas igrejas na lista das que "crescem mais rápido" e começar a olhar a lista das que são "melhor pastoreadas" (você não vai encontrá-la). Uma igreja verdadeiramente bem pastoreada é uma igreja onde as feridas internas de cada um dos membros são curadas e os dons e talentos internos são liberados – uma igreja onde ninguém é anônimo; onde os casais não estão apenas vivendo juntos; e onde ninguém é amargo, viciado, e não curado. E como fazemos isso? Com mais membros na equipe? Não há como, apenas com mais membros na equipe, entrarmos nas profundezas do ministério pessoal necessário. Mas quando a igreja se torna um exército de multiplicadores, engrossando o âmago do ministério, cada crente assume o trabalho de discipular "um", de se tornar pastor de um.

O samaritano dedicou voluntariamente uma grande parte do seu tempo e do seu dinheiro para ter certeza de que o seu "projeto" anônimo se recuperasse na hospedaria. Mas em muitas de nossas igrejas de hoje, não se ouve falar em acompanhamento. Reportamos as nossas estatísticas, mas nos esquecemos do nosso chamado: "Ora, Àquele que é poderoso para vos guardar de tropeços e para vos apresentar com exultação, imaculados diante da Sua glória" (Jd 24).

Semana após semana, enquanto estou na entrada de minha igreja apertando a mão dos nossos membros, olho no rosto dos milhares de pessoas que passam e penso: "Será que eles estão curados... são felizes... são santos? Será que estão vencendo a tentação? Será que estão ativos em seus ministérios? Será que seus filhos são guerreiros da fé? Será que são dizimistas e ofertantes? Será que seus parentes são salvos? Que batalhas internas eles estão enfrentando por trás deste sorriso? Que inseguranças os assaltam? Em que hábitos estão eles aprisionados, incapazes de se libertar?".

Mas em meio a todas estas perguntas que passam pela minha mente, reconheço pessoas cujos testemunhos das experiências tidas nos Encontros atestam a mudança que viveram:

- Uma mulher que não queria sair de casa por ter medo de tudo, mas que agora vai sozinha ao mercado e à igreja.

- Um homem deprimido e suicida que veio ao culto na quarta-feira à noite, foi salvo, participou do Encontro naquele mesmo fim de semana, e agora está cheio da alegria do Senhor.

- Um encanador budista que veio ao culto de Páscoa, foi ao Encontro, e está liberto há seis meses. Ele testemunhou que havia se desviado da igreja, mas que agora está feliz e tem trazido sua família e seus amigos aos eventos.

Chegou a hora da igreja encarar com seriedade a questão de pastorear. Ajudar os nossos membros a colocarem suas vidas em ordem é trabalho árduo, mas, como demonstramos no capítulo anterior, tem "múltiplas" recompensas. A igreja curada será a igreja vencedora. E depois de termos curado a igreja, vamos fazer a última coisa necessária para curar a igreja disfuncional: vamos voltar para a Bíblia.

CAPÍTULO 5

AS ESCRITURAS PARA UMA IGREJA QUE NÃO É ENSINADA

E que desde a infância sabes as sagradas letras, que podem tornar-te sábio para a salvação pela fé em Cristo Jesus. Toda a Escritura é inspirada por Deus e útil para o ensino, para a repreensão, para a correção, para a educação na justiça, a fim de que o homem de Deus seja perfeito e perfeitamente habilitado para toda boa obra.

— 2 TIMÓTEO 3:15-17

DISFUNÇÃO 5:
A IGREJA QUE NÃO É ENSINADA

A quinta disfunção da igreja é que ela não é ensinada. Apesar da abundância de fitas, CDs, DVDs, programas de televisão e livros, o cristão comum ainda continua ignorante acerca de um conhecimento mediano das Escrituras, mesmo depois de anos se sentando sob a cobertura de um ministério pastoral.

Em nosso 30° aniversário de casamento, minha esposa e eu estávamos hospedados em um hotel nas margens do Mar da Galiléia. Era Dias das Mães, e no dia anterior havíamos visitado o Santuário do Livro*, em Jerusalém. Esta fabulosa exibição demonstra o compromisso do povo judeu, como "guardiões do livro", de localizar em todo o mundo cada sílaba das Escrituras.

Enquanto eu estava sentado na cama tomando uma xícara de café, de repente o rosto de minha sogra surgiu em meu espírito (não fiz nenhuma relação disto com o feriado). A voz do Senhor falou comigo internamente e perguntou: "Você já conheceu alguém que amasse mais a Minha Palavra do que Minha serva Pat?" Pat Clark, que já está com o Senhor há dezoito anos, amava ler, cantar e ensinar as Escrituras mais do que qualquer pessoa que já conheci. O Senhor continuou: "Quero que você passe o resto de sua vida ensinado ao Meu povo as Escrituras. Muitos são ignorantes da Minha Palavra, e quero que você os ensine".

Ali na cama, comecei a chorar enquanto este mandato pousava em meu espírito. Muitas igrejas têm dois mil quilômetros de largura, mas não têm mais de um metro de profundidade no que diz respeito ao conhecimento bíblico. Infelizmente, as Escrituras estão passando cada vez mais para a última prateleira nas nossas prioridades.

No domingo seguinte depois que voltamos para casa, homenageamos todos aqueles que se formaram no ensino mé-

---

*O *Santuário do Livro* ou *Museu do Livro* é uma ala do museu de Israel próximo a Givat Ram, a oeste de Jerusalém, que guarda os Rolos do Mar Morto – descobertos entre 1947 e 1956 em onze grutas dentro e ao redor de Wadi Qumrân. (N.T)

dio e na universidade em nossos cultos. Muitos dos alunos de ensino médio estavam se formando na nossa própria escola cristã, e decidi fazer um teste aleatório sobre o conhecimento bíblico deles. Nos quatro cultos daquele fim de semana, perguntei aos mais de duzentos formandos se algum deles sabia alguma coisa sobre João 13 (nenhum deles sabia), Atos 13 (nenhum deles sabia) e Romanos 13 (nenhum deles sabia). Quando mencionei 1 Coríntios 13 (o capítulo do amor) uns poucos levantaram a mão.

O que aconteceu com a exposição detalhada das Escrituras? O que aconteceu para que gerássemos toda uma geração de cristãos que não conhecem sequer as histórias bíblicas mais básicas e as doutrinas elementares?

Paulo lembrou a Timóteo que ele, Timóteo, havia conhecido as Sagradas Escrituras desde a infância, uma vez que os primeiros anos da infância para os hebreus incluíam sempre a memorização da Torá. Muitos de nós, infelizmente, "progredimos" e deixamos de lado a confiança nas Escrituras e substituímos o conhecimento bíblico pela criatividade motivacional. Os pastores assim pregam, e os crentes engolem tudo avidamente sem pensar.

Não me entenda mal; sou definitivamente a favor de mensagens criativas porque o déficit de atenção desta geração geralmente os impede até mesmo de ler, quanto mais de estudar ou aprender seriamente as Escrituras. Entretanto, o objetivo das nossas abordagens criativas ao pregarmos deve ser auxiliar a compreensão e aplicar as Escrituras, e não nos tornarmos gurus motivacionais e de autoajuda. O que há de errado com o pastor que usa todos os seus poderes de persuasão e clareza para ajudar as pessoas a entenderem, aplicarem e transmitirem as Escrituras a outros? Nada – e é hora de trazermos isso de volta!

O corpo físico vai sentir falta daquilo com que você o alimenta. Se alimentos cheios de calorias e com alto teor de gordura estiverem no cardápio diário, o corpo logo perde o apetite pelos mais nutritivos grãos integrais, frutas e vegetais. Se os crentes se empanturrarem constantemente com um alimento espiritual de pouco valor nutritivo, logo perderão a fome pela eterna e transformadora Palavra de Deus. Assim, a responsabilidade é compartilhada: os pastores precisam ensinar a Palavra pura e não adulterada, e os crentes precisam saborear aquilo que é sadio e aceitá-lo imediatamente, ainda que não pareça tão interessante ou tão empolgante quanto a "última moda espiritual".

O TRATAMENTO:
INSTRUÇÃO DAS SAGRADAS
ESCRITURAS ATRAVÉS DO MESTRE

O mestre, o quinto dos cinco chamados de Efésios 4:11, geralmente é combinado com o ofício do pastor com o propósito de alimentar as ovelhas. Você não pode pastorear com eficácia sem ensino, e o único ensino que transformará os corações e mudará as vidas é o ensino das Escrituras.

Em 1990, o Presidente George H.W. Bush declarou aquele ano o "Ano Internacional da Leitura da Bíblia".[1] Nossa igreja atendeu e começou a usar o *The One Year Bible* um plano de leitura da Bíblia em um ano - como um plano de leitura comum. Começando em janeiro daquele ano, preguei sobre as leituras do Antigo Testamento nos domingos e sobre as leituras do Novo Testamento nas quartas-feiras. No decorrer de um ano, havia ensinado toda a Bíblia a toda a congregação. Crescemos espiritualmente a passos largos.

Repeti este mesmo procedimento em 2007, obtendo os mesmos resultados incríveis. Pessoas que haviam estado na igreja por vários anos despertaram para verdades bíblicas elementares e histórias bíblicas básicas das quais nunca haviam ouvido falar.

Comecei também uma avaliação interna da qualidade do ensino das Escrituras em nossa escola cristã, no ministério de crianças, na nossa estação de TV, e em todas as demais entidades de nosso ministério. Fiz isso com urgência porque creio que estamos em uma corrida contra o tempo, uma vez que estamos rapidamente perdendo uma geração para o analfabetismo bíblico.

Embora o nosso programa de "novíssimo padrão" possa parecer relevante, se ele não utilizar a Bíblia como sua diretriz, algo vital estará faltando. A igreja deve ser um centro de conhecimento bíblico onde o treinamento constante e a aplicação das Escrituras são soberanos acima de qualquer outra coisa. De que outra forma os crentes serão transformados à imagem de Cristo e poderão declarar aos perdidos a validade e o poder do evangelho?

Certa vez fiz uma aula de golfe, e o professor de golfe olhou para a minha tacada e disse: "Sr. Stockstill, é um milagre que o Sr. *alguma vez* tenha feito uma tacada. Vou trabalhar com o Sr. na tacada de 1 metro, porque no placar ela vale o mesmo que um impulso de 280 metros". Do mesmo modo, muitos cristãos estão apaixonados pela última revelação profética, mas não conseguem equilibrar seus talões de cheques, disciplinar seus filhos, ou ter relacionamentos de namoro saudáveis guiados pelos padrões bíblicos. Os pastores precisam gravar as histórias exemplares do Antigo Testamento, os simples mandatos dos Evangelhos, e os padrões da igreja local das Epístolas em suas congregações. Não há substituto para isso.

Alguns diriam que o crente normal não se interessa pelas coisas bíblicas. O ritmo frenético da vida diária anula qualquer desejo latente que ele possa ter pelas coisas de Deus. Esta ideia, porém, provou-me estar errada em janeiro de 1998, quando me envolvi em ensinar as Escrituras para o governador da Louisiana. Eu estava nos últimos dias de um período prolongado de oração e jejum em nossa igreja, quando de repente tive uma revelação interior enquanto dirigia pela interestadual, passando pelo Palácio do Governo. Como um flash em meu espírito, vi a imagem de um vento soprando e abrindo a porta da frente daquela mansão, e concluí que Deus estava prestes a abrir uma porta do escritório daquele homem para mim. Uma semana depois, recebi um telefonema do gabinete do Governador. A pessoa do outro lado da linha disse que, enquanto o governador caminhava na sua esteira naquela manhã, ele havia visto o programa bíblico diário de noventa segundos que tenho na televisão secular. Uma voz interior disse a ele: "Ligue para este homem". Ele perguntou se eu poderia ensinar-lhe toda a Bíblia em quatro lições!

Na semana seguinte, comecei meu estudo com ele, sua esposa, seu filho, e cerca de quinze membros de sua equipe executiva. Aquelas pessoas ocupadas, com horários mais do que apertados do que as pessoas normais, estavam famintas por aprender a Bíblia. Depois das quatro primeiras aulas, o Governador pediu que continuássemos, e nós o fizemos – por *seis anos!* Ensinei a ele e à sua equipe cada livro da Bíblia, tanto por tópicos como através de exposição. O governador chegou a receber um diploma de associado de nosso instituto de treinamento bíblico por ter aprendido tanto!

Durante aquele período, vimos maravilhosas respostas de oração que fizeram furacões mudarem de rumo e trouxeram chuva sobre campos áridos. O poder absoluto das Escrituras na edificação da fé do Governador teve um efeito profundo no sentido de conduzir o estado da Louisiana em meio a tempos de trevas espirituais e econômicas durante sua administração.

Não é de admirar que tantos cristãos praticamente não sejam diferentes dos não-salvos no seu modo de pensar, de falar, nas suas finanças, e nos seus casamentos. Eles não tiverem ensino e estão sendo "destruídos, porque lhes falta o conhecimento" (Os 4:6). Os pastores devem analisar cada fase, programa, e evento em suas igrejas e fazer esta pergunta básica: O que isto faz para potencializar o entendimento de uma pessoa das Escrituras? As atividades do ministério com crianças, dos pequenos grupos, dos serviços, do evangelismo (televisão, rádio, materiais impressos), das escolas cristãs, e dos esforços missionários devem, todos eles, responder a esta única pergunta.

Os crentes também devem se examinar e verificar se estão passando tempo diário com a Palavra, ensinando-a metodicamente a seus filhos, e dando a ela a supremacia em suas vidas. Toda a vida cristã deve começar e terminar com o aprofundamento deste fundamento.

"A fé é pelo ouvir, e o ouvir pela palavra de Deus" (Rm 10:17, ARC). Os cristãos que estão destituídos do verdadeiro conhecimento da Bíblia estão condenados ao medo, à incredulidade, e ao desespero. A ignorância das Escrituras os deixará anêmicos, disfuncionais, e derrotados. Precisamos dar passos decisivos, portanto, para garantir que tenhamos fome novamente pela Palavra de Deus, que ansiemos por ela, como a corsa anseia pelas águas (Sl 42:1). Então, na qualidade de pais, mestres e pastores, precisamos transferir esse amor pelas Escrituras a uma nova geração de crentes amantes da Bíblia, ensinando-os diligentemente e treinando-os no conhecimento bíblico.

As cinco disfunções: falta de paternidade, falta de correção, esterilidade, ausência de cura e ausência de ensino, podem então ser remediadas através do restabelecimento dos cinco ministérios, conforme delineado em Efésios 4:11. Quando isto for feito, um novo avivamento de santidade, fé e evangelismo explodirá.

Deus está levantando um novo padrão em todo o mundo. Ele está levantando Nazireus espirituais que colocarão o seu foco nas cinco necessidades da igreja. As suas prioridades estarão certas, e o seu código de conduta será irrepreensível. Este código de conduta, os Dez Mandamentos do Ministério, ajuda a estabelecer um novo modelo, um novo fundamento para o ministério. Se um número suficiente de pastores e de cristãos individuais adotarem estas dez prioridades, nossas nações serão sacudidas por sua justiça – e não por seus fracassos.

Nos próximos capítulos, percorra comigo estes dez valores. Veja se o Espírito Santo não irá tratar com você, podar você, corrigir você, ajustar você, e curar você. Sei que os dias são de trevas e que já se faz tarde, mas o melhor tempo para este mundo ainda está por vir, se nós, o povo de Deus, despertarmos, sacudirmos a poeira, e vestirmos as nossas roupagens formosas: "Desperta, desperta, reveste-te da tua fortaleza, ó Sião; veste-te das tuas roupagens formosas, ó Jerusalém, cidade santa; porque não mais entrará em ti nem incircunciso nem imundo" (Is 52:1).

PARTE 2

Os Dez Mandamentos do Ministério

CAPÍTULO 6

MANDAMENTO 1: ORAÇÃO

Quero, portanto, que os varões orem em todo lugar, levan-
tando mãos santas, sem ira e sem animosidade.

- I TIMÓTEO 2:8

Enquanto escrevo este capítulo, estou em Seul, Coréia do Sul,
na maior igreja do mundo, pastoreada por David Yonggi Cho.
A sua vasta membresia de setecentas e cinquenta mil pessoas é
comprometida com uma prioridade máxima que eles têm utilizado ao longo de cinquenta anos na edificação desta igreja, e
que é um marco: o poder da oração e do jejum.

A Yoido Full Gospel Church tem oração constante.
Desde as reuniões de oração diárias pela manhã, frequentadas
por milhares, às reuniões de oração de sexta-feira, que duram a
noite toda, a chama da oração nunca se apaga. Sua montanha de
"jejum e oração", localizada a cerca de uma hora ao norte de
Seul, próxima à zona desmilitarizada com a Coréia do Norte,
abriga até trinta mil pessoas nos finais de semana, e centenas
diariamente, em pequenas grutas de oração, onde os membros
se retiram para orar e jejuar.

Mas a Yoido Full Gospel Church não é a única. Existem também inúmeras montanhas para oração para quase todas as demais denominações na Coréia do Sul. Não é de admirar que a maior igreja da maioria das denominações esteja localizada em Seul! Tive o privilégio de fazer parte da Diretoria do Dr. Cho na Church Growth International (CGI) durante quase quatorze anos. A sua profunda humildade e integridade aos setenta anos de idade, sendo cinquenta desses anos dedicados a levantar esta igreja desde uma pequena tenda nas favelas de Seul até o seu tamanho nos dias atuais, são lendárias.

Lembro-me de sua primeira visita à Bethany Church, em abril de 1993. Depois do culto da noite, ele me disse que queria aprender tudo que pudesse comigo! Fiquei chocado e constrangido com a sua humildade, que tem sido contínua durante todos estes anos.

Uma das coisas mais importantes que aprendi com o Dr. Cho é o poder da oração. No seu padrão de oração chamado *oração do tabernáculo*, ele utiliza os vários artigos do mobiliário do templo do Antigo Testamento e do templo celestial descrito em Apocalipse como pontos de referência. Ele os utiliza como modelo para aproximar-se de Deus, passando geralmente pelo menos três horas por dia (três vezes ao dia, sendo uma hora de cada vez) orando com base neste modelo. À medida que damos uma olhada neste primeiro e extremamente importante mandamento do ministério, vamos começar com um curto esboço desta poderosa oração. [1]

ORAÇÃO DO TABERNÁCULO

O altar de bronze: a cruz

A primeira coisa que uma pessoa notava ao entrar no tabernáculo do Antigo Testamento era o altar de bronze. Esta grande "churrasqueira" coberta de bronze foi projetada para que um grande animal fosse colocado ali e consumido de baixo para cima. O altar de bronze representa a cruz. Deus quer que o nosso primeiro passo para a comunhão com Ele inclua a gratidão pelo que Cristo fez na cruz. Todos os dias, agradeço ao Senhor por cada ferida em Seu corpo e pelas coisas das quais ela me redimiu.

A bacia: santificação

Localizado atrás do altar de bronze estava um objeto no formato de uma bacia para pássaros com uma superfície feita de espelhos. Quando o sacerdote iniciava a limpeza ritualística de suas mãos e pés, ele olhava para esta bacia e via seu próprio reflexo.

A cada dia, devemos ir até à bacia e olhar de forma realista para nós mesmos à luz da Palavra de Deus. A Sua Palavra é um espelho, e a "lavagem de água pela palavra" (Ef 5:26) purificará a nossa consciência.

Uma vez que somos três partes (corpo, alma e espírito; ver 1 Tessalonicenses 5:23), devemos submeter primeiramente o nosso corpo (mãos, olhos, língua, etc.); depois nossa mente (orgulho, ganância e luxúria); e finalmente nosso espírito (orando pelos nove frutos do Espírito). O Dr. Cho gosta de examinar a si mesmo com base nos Dez Mandamentos dados a Moisés para verificar se existe alguma idolatria, falsidade, ódio, ou qualquer outra coisa errada que ele tenha permitido entrar em sua vida. O resultado nítido de irmos até à bacia é a purificação do nosso corpo, alma e espírito para que não venhamos a dar lugar ao diabo.

O candelabro: o Espírito Santo

Quando uma pessoa entrava no primeiro aposento do tabernáculo, à direita havia o candelabro. Seis ramificações de ouro saíam de um eixo central, e a sua luz nunca se apagava. Nenhuma outra luz brilhava no tabernáculo, e no Apocalipse o candelabro é identificado como os "Sete Espíritos de Deus" (Ap 4:5).

Isaías 11:2 descreve seis dos aspectos do Espírito Santo: o espírito de sabedoria e de entendimento, e espírito de conselho e de fortaleza, e o espírito de conhecimento e de temor do Senhor. O sétimo aspecto seria o "Espírito do Senhor", o título central de todos os outros seis.

Todos os dias, devemos pedir ao Espírito Santo para manifestar em nós a Sua humildade de sabedoria, entendimento do futuro, conselho para tomar decisões, força para o serviço, conhecimento da revelação, respeito pela santidade, e dependência geral do Espírito Santo como Senhor.

A mesa dos pães asmos: relacionamentos

Do outro lado do candelabro havia uma mesa de ouro com doze pães frescos. Cada pão representava a comunhão de Deus com as Suas doze tribos de Israel. Paulo levou esta metáfora para o Novo Testamento: "Porque nós, embora muitos, somos unicamente um pão, um só corpo; porque todos participamos do único pão" (1 Cr 10:17).

Nesta área da oração, oramos por nossos relacionamentos e comunhão dentro do corpo de Cristo. Apresentamos perante o Senhor os outros membros do nosso pequeno grupo, nossos pastores, e outros relacionamentos essenciais em nosso círculo de influência (Eu utilizo o princípio dos doze, defendido em *The Master Plan of Evangelism* [O Plano Mestre do Evangelismo] por Robert Coleman, e oro pelos doze indivíduos que estou discipulando para o Senhor).

O altar de incenso: adoração

O altar de incenso era um pequeno pedestal coberto de ouro, onde o sacerdote oferecia uma porção de incenso duas vezes ao dia. Este altar também é visto no céu: "Veio outro anjo e ficou de pé junto ao altar, com um incensário de ouro, e foi-lhe dado muito incenso para oferecê-lo com as orações de todos os santos sobre o altar de ouro que se acha diante do trono; e da mão do anjo subiu à presença de Deus a fumaça do incenso, com as orações dos santos" (Ap 8:3-4).

Quando nos aproximamos do altar de incenso, estamos avançando em direção à fase final do nosso período de oração, e entramos nele com uma adoração profunda e íntima. Nesta fase, canto e adoro o Senhor com "salmos e hinos e cânticos espirituais" (Ef 5:19). Um de meus salmos favoritos, o Salmo 23, forma a base para a adoração aos sete principais nomes de Jeová no Antigo Testamento:

- Jeová-Rohi, meu pastor (v. 1): "O Senhor é o meu pastor".

- Jeová-Jireh, meu provedor: (v.1): "Nada me faltará".

- Jeová-Shalom, minha paz (v. 2): "Ele me faz repousar em pastos verdejantes".

- Jeová-Rafá, aquele que me sara (v. 3): "Refrigera-me a alma".

- Jeová-Tsidkenu, minha justiça: (v. 3): "Guia-me pelas veredas da justiça".

- Jeová-Shamah, minha presença (v. 4): "Ainda que eu ande pelo vale da sombra da morte... tu estás comigo".

- Jeová-Nissi, meu defensor (v. 5): "Preparas-me uma mesa na presença dos meus adversários".

A arca da aliança: o trono de misericórdia

A área final do tabernáculo incluía o santo dos santos e a arca da aliança. Evidentemente, também há uma arca no céu: "Abriu-se então o santuário de Deus, que se acha no céu, e foi vista a arca da Aliança no seu santuário" (Ap 11:19).

O sumo sacerdote entrava no santo dos santos uma vez por ano para fazer a propiciação e para interceder por Israel. Do mesmo modo, Paulo encoraja "a prática de súplicas, orações, intercessões, ações de graças, em favor de todos os homens, em favor dos reis e de todos os que se acham investidos de autoridade, para que vivamos vida tranquila e mansa, com toda piedade e respeito" (1 Tm 2:1-2).

Aproveite a oportunidade nesta área final da oração do tabernáculo para trazer a sua família, a sua cidade, a sua nação, e o seu mundo à presença do Senhor. Jó orava por sua *família* diariamente (Jó 1:5). Jeremias disse aos cativos que orassem para que a *cidade* deles tivesse paz (Jr 29:7). Paulo nos encorajou a orar pelos líderes da nossa nação (1 Tm 2:2). Jesus nos ensinou a orar pela colheita *mundial* (Lucas 10:2).

Nenhum roteiro de oração deve se tornar uma prisão; ele deve ser uma bênção. Um trem na verdade é mais livre quando está nos trilhos, e às vezes nós, cristãos, precisamos ter um ponto que nos mantenha no rumo em nossas orações. É exatamente isto que a oração do tabernáculo e outros roteiros de oração (por exemplo, a Oração do Pai Nosso e a Oração de Jabez) fazem.

ORAÇÃO E JEJUM

A oração é energizada pelo jejum. Entretanto, o jejum pode se tornar legalista e perder o foco, assim como qualquer disciplina espiritual. Então, qual o sentido e qual o benefício de se abrir mão de algumas refeições?

O propósito do jejum do Senhor é "soltar as ligaduras da impiedade, desfazer as ataduras da servidão, e deixar livres os oprimidos e despedaçar todo jugo" (Is 58:6). Jejuar é humilhar a alma, se desviar das coisas do mundo e dirigir o espírito na direção do céu.

Muito tem sido escrito sobre o jejum, mas basta dizer que a igreja primitiva sentia a necessidade de jejuar antes de cada decisão da liderança (Atos 13:2-3; 14:23). As pessoas devem jejuar para que a fome delas por Deus retorne. As igrejas devem jejuar para terem grandes reviravoltas em seus ministérios. Até as nações devem jejuar em tempos de graves problemas.

O jejum não substitui a fé nem é sinal de espiritualidade. No entanto, aprendi ao longo dos anos que quando deixo de lado a televisão, a mídia, e todas as atividades que alimentam e satisfazem a minha carne, o meu espírito começa a ouvir a Deus. Por isso, separo todos os domingos para jejuar até à noite. Também tento separar os três primeiros dias de cada mês para buscar ao Senhor para ter a Sua bênção sobre aquele mês. No primeiro dia do ano, passo um tempo prolongado em jejum e geralmente conduzo a nossa igreja a vinte e um dias de oração e jejum. Esta ênfase em um jejum sistemático se tornou um movimento nos Estados Unidos e está gerando grandes reviravoltas nas vidas das pessoas e das igrejas que elas frequentam.

Algumas pessoas têm dificuldade para jejuar por causa do seu metabolismo. Eu incentivo essas pessoas a tomarem sucos, se necessário, para manter seu metabolismo funcionando de forma eficaz. O ponto principal não é punir o seu corpo, mas negar a ele o controle dos apetites.

O FARDO DA ORAÇÃO

Creio que a oração e o jejum ocorrem quando estamos carregando um fardo pelos outros. Paulo fez referência a um estado do coração que nunca conseguia descansar enquanto seus irmãos não estivessem salvos: "Digo a verdade em Cristo, não minto, testemunhando comigo, no Espírito Santo, a minha própria consciência: tenho grande tristeza e incessante dor no coração; porque eu mesmo desejaria ser anátema, separado de Cristo, por amor de meus irmãos, meus compatriotas, segundo a carne" (Rm 9:1-3).

Como é fácil perder este fardo, este sentimento incessante de preocupação pela condição dos perdidos! Nossos passatempos, nossas obrigações, nossas carreiras e nossos bens nos distraem até mesmo daqueles que nos cercam, quanto mais dos cinco bilhões de perdidos no mundo (uma estimativa conservadora, ainda que 1,5 bilhões de pessoas na terra sejam crentes).

Se pudéssemos criar uma fila indiana de cinco bilhões de almas, até onde ela iria? Como referência, lembre-se que o terrível tsunami da Indonésia ocorrido em dezembro de 2005 ceifou duzentas e cinquenta mil vidas, e uma fila com este número de perdidos chegaria a sessenta e cinco mil quilômetros! Por mais incrível que pareça, a fila dessas pessoas eternamente perdidas daria *quarenta voltas ao redor da linha do equador!* Imagine o rosto de quarenta filas de pessoas rodeando a circunferência de 40.233,6 quilômetros da terra. Sinta o coração de Deus se comovendo por aqueles que Ele criou para passarem a eternidade com Ele no céu, mas cujo destino é uma eternidade separada Dele.

É preciso que haja um remanescente que se levante com um fardo de compaixão em seu espírito pelos perdidos. Milhões estão sendo salvos, mas milhões permanecem sem salvação. Somente os cristãos que têm um fardo de oração se envolverão sem cessar em alcançar os perdidos, pois este é o coração de Deus.

Moisés permaneceu na montanha com as mãos erguidas enquanto Josué lutava contra Amaleque no vale (Ex 17:11). As mãos erguidas de Moisés davam vitória, mas quando suas mãos se abaixavam, isso significava derrota. Estamos enfrentando uma crise em nosso mundo e em nossa nação, que exige que nos concentremos decididamente em ficarmos na brecha, levantando nossas mãos em intercessão a um Deus que ouve.

Um fardo de oração e jejum é o fundamento de todo ministério de sucesso e de toda devoção pessoal. A oração sistemática, tal como o padrão do tabernáculo, a oração de tópicos da Oração do Pai Nosso, e as outras estruturas de oração, trazem consistência e foco. O Espírito Santo usará esses padrões para orar através de nós com "gemidos inexprimíveis" (Rm 8:26).

Estabeleça um plano pessoal de oração e mobilize sua família, seu pequeno grupo e sua igreja para buscarem a intimidade com o Senhor. As formas que você pode usar para fazer isto são incontáveis. Alguns grupos estão começando correntes de oração de 24 horas, crendo em um avivamento. O seu plano pode ser diferente, mas escolha algo e comece a fazer da oração uma prioridade em sua vida e na vida de sua igreja. Muitos livros e manuais dão maiores detalhes sobre *como,* mas tudo se resume a um fardo contínuo pelas necessidades dos outros e à fé de que a oração liberará milagres para atender a essas necessidades.

Associado à oração está o segundo mandamento espiritual mais importante e necessário para trazer nossas nações de volta para Deus: o estudo bíblico.

CAPÍTULO 7

MANDAMENTO 2: ESTUDO BÍBLICO

*Porque a Palavra de Deus é viva, e eficaz, e mais cortante
do que qualquer espada de dois gumes, e penetra até ao ponto de dividir alma e espírito, juntas e medulas, e é apta para
discernir os pensamentos e propósitos do coração.*

– HEBREUS 4:12

No capítulo cinco, introduzi o tópico que trata de uma igreja
disfuncional que não é ensinada. Creio firmemente que o estudo bíblico e a ênfase na Palavra restaurarão a saúde e a vitalidade
da igreja em todo o mundo. O corpo de Cristo precisa assumir
um novo compromisso, assim como Paulo fez com os líderes de
Éfeso: "Agora, pois, encomendo-vos ao Senhor e à palavra da
Sua graça, que tem poder para vos edificar e dar herança entre
todos os que são santificados" (At 20:32).

Quando eu era capelão associado na faculdade, um
rato costumava entrar no nosso escritório à noite. O encar-
regado pela manutenção da capela levou uma pequena caixa
de algo que achei que era veneno para rato. Eu estava preo-

cupado em ter veneno dentro do escritório, mas ele me disse que a substância não era nociva de forma alguma. Ele explicou que era simplesmente uma substância não nutritiva que os ratos adoram. Na verdade, eles gostam tanto dela que quando a provam, não conseguem comer mais nada. Eles comem e comem essa substância, mas como a "comida" não tem nenhum valor nutritivo, o rato vai lentamente morrendo de inanição, embora esteja comendo.

Que retrato de como o inimigo engana os discípulos cristãos! Ele envia sagazmente pensamentos engenhosos, bons conselhos, histórias engraçadas e doutrinas interessantes para fazer coceiras nos ouvidos deles, e eles adoram. Eles não conseguem se satisfazer com esta "comida", mas não entendem por que estão doentes, anêmicos, e talvez até espiritualmente mortos.

O escritor de Hebreus estava preocupado com o estado espiritual daqueles a quem escrevia: "Pois, com efeito, quando devíeis ser mestres, atendendo ao tempo decorrido, tendes, novamente, necessidade de alguém que vos ensine, de novo, quais são os princípios elementares dos oráculos de Deus; assim, vos tornastes como necessitados de leite e não de alimento sólido. Ora, todo aquele que se alimenta de leite é inexperiente na palavra da justiça porque é criança. Mas o alimento sólido é para os adultos, para aqueles que, pela prática, têm as suas faculdades exercitadas para discernir não somente o bem, mas também o mal" (Hb 5:12-14).

O "veneno de rato" do inimigo é a falta de conhecimento da verdadeira Palavra de Deus e a falta da aplicação e transformação através dessa Palavra. A passagem de Hebreus que citamos fala não apenas de se ter conhecimento, mas também de andar em um discernimento maduro. Muitos cristãos têm enorme conhecimento bíblico ao alcance das mãos, mas seu estilo de vida não demonstra a aplicação desse conhecimento. Onde estamos errando, e como podemos tornar as Escrituras funcionais na vida prática diária?

INTERAÇÃO COM AS ESCRITURAS

A era dos telões de vídeo foi boa para a igreja, dando uma sensação de amplitude ao culto. Em outro sentido, porém, esta tecnologia substituiu uma interação ativa com as Escrituras reais, mediante o uso das mãos, pela observação do texto na tela, já que os frequentadores de igreja dependem cada vez mais das telas de vídeo. O resultado disso é que toda uma geração está perdendo o conhecimento sobre onde se encontram os diversos livros da Bíblia, porque eles nunca viram as páginas para encontrá-los.

Os pastores precisam incentivar suas congregações a trazer suas Bíblias para a igreja com a finalidade de ter uma interação constante com elas. Os membros de igreja precisam rejeitar a preguiça e a complacência e utilizar a tecnologia para complementar e não para substituir a eterna Palavra. Toda matéria tem um livro-texto, e o aluno que comparece às aulas sem ele geralmente precisa depender dos outros na hora da prova. O mesmo acontece com os crentes e suas Bíblias. Marcar a Bíblia, fazer anotações na margem, e encontrar passagens nela, tudo isto faz parte de um estilo de aprendizado interativo que supera em muito a mera observação.

Interagir com a Palavra significa manuseá-la, segurá-la, utilizá-la, e se familiarizar com ela. Uma Bíblia pessoal se torna uma amiga pessoal. Algumas de minhas lembranças mais antigas como cristão fervoroso vêm de quando eu tinha dezesseis anos e o Senhor me chamou para o ministério. Todas as manhãs, no mesmo lugar do sofá da sala, eu abria uma Bíblia na versão King James e uma *Amplified Bible,* colocando uma em cada perna. Eu comparava as duas, versículo por versículo, e marcava os pensamentos adicionais que recebia da versão *Amplified* na margem da minha Bíblia King James. Todo o início de meu ministério veio desse estudo intensivo, diário e interativo da Palavra de Deus.

Agora interajo com uma Bíblia on-line. Centenas de programas de pesquisa bíblica estão disponíveis (alguns gratuitos), que disponibilizam a Concordância de Strong, dicionários bíblicos, Atlas bíblicos e bons comentários ao clique de um mouse. Além disso, a Internet oferece programas de estudo tremendos, de modo que qualquer pessoa que esteja realmente faminta pela Bíblia pode aprender rapidamente dentro de uma estrutura básica de entendimento bíblico.

O que costumava levar horas para se estudar e pesquisar agora leva apenas segundos. Dentro do meu programa bíblico particular encontram-se pastas onde posso arquivar centenas de versículos sobre um tópico específico (direção, aliança, casamento, etc.), que depois posso acessar ou imprimir à vontade. Levo meu computador comigo por todo o mundo, e toda a minha pesquisa (e biblioteca) vai comigo.

Por mais maravilhosa que seja a tecnologia e por mais grato que eu seja por ela, ela jamais poderá substituir o método expositivo de pregação, versículo por versículo, que durante séculos construiu os fundamentos de milhões de crentes nas Escrituras. Os pastores que encontram uma passagem central para cada um de seus sermões, em vez de usarem referências cruzadas intermináveis que o membro de igreja regular tem dificuldade de acompanhar, construirão um fundamento de maturidade em suas congregações. Isto pode não aparecer muito e pode não acontecer da noite para o dia, mas os pastores que ensinam a Palavra metodicamente, linha por linha e preceito por preceito, estão equipando suas congregações com ferramentas reais para solucionarem os seus problemas extremamente reais.

Os membros de igreja também precisam abraçar a prioridade da Palavra de Deus. *Nada* é tão poderoso quanto uma única expressão em um versículo que se aplica diretamente à vida. "Porque a Palavra de Deus é viva, e eficaz, e mais cortante do que qualquer espada de dois gumes" (Hb 4:12). As peças teatrais podem nos fazer pensar, as apresentações de números especiais são inspiradoras, e as apresentações de vídeos podem ser deslumbrantes, mas nada tem mais poder do que as Escrituras eternas para transformar uma vida e curar um coração partido.

Vemos esta dependência da Palavra de Deus em muitos casos nas Escrituras. Pedro citou uma extensa passagem do livro de Joel e três passagens de Salmos em seu primeiro sermão no Pentecostes (onde três mil pessoas foram salvas). Estevão citou pelo menos doze passagens do Antigo Testamento em seu sermão em Jerusalém (At 7). Paulo citou seis passagens em seu sermão em Antioquia da Pisídia (At 13:3). O elogio feito por ele aos Bereanos foi que "receberam a palavra com toda a avidez, examinando as Escrituras todos os dias para ver se as coisas eram, de fato, assim" (Atos 17:11). Todos os crentes precisam se sentir totalmente confortáveis ao interagir com as Escrituras e ao examiná-las, não com o intuito de discutir, mas para obter uma edificação de sua fé.

APLICAÇÃO DAS ESCRITURAS

Se os pastores quiserem se concentrar em fazer com que as pessoas interajam com a Bíblia, eles terão de encontrar formas criativas de identificar as verdades bíblicas com uma geração que, em sua maioria, é biblicamente analfabeta. As ideias mais criativas devem estar orientadas a fazer com que a Palavra adquira *vida* na vida diária dos ouvintes. Nuances doutrinárias impressionantes, cronologias cansativas e uma terminologia teológica excessiva deixam a maioria dos crentes "boiando". A mente deles lhes diz: "Não há meio de se entender as Escrituras. Vou deixar isso para os profissionais".

Na faculdade, certa vez vi uma caricatura engraçada pregada na porta do gabinete do meu professor principal. Ela foi tirada de Mateus 16, onde Jesus perguntou a Pedro: "Quem diz o povo ser o Filho do Homem?" A caricatura era mais ou menos assim:

JESUS: Quem o povo diz que Eu Sou?
PEDRO: Tu és a manifestação sobrenatural do Absoluto ontológico, uma nova orientação metafísica pela qual o nosso salto de fé é canalizado para uma dialética social útil.
JESUS: Eu sou *quem*?
"E Jesus imediatamente o encarregou de não falar a ninguém a respeito de quem Ele era!"

Meu pai sempre diz: "Deus coloca os biscoitos na prateleira de baixo para que todos possam alcançá-los". Podemos pensar que parecemos espirituais e ficar muito impressionados com nós mesmos por colocarmos as nossas ideias e o nosso vocabulário fora do alcance da pessoa comum, mas se ninguém conseguir entender a nossa mensagem, como alguém virá a conhecer a Cristo ou terá o equipamento de que precisa para lutar contra o inimigo na sua hora de crise?

Muitos dos problemas que encontramos para pregar ou até compartilhar informalmente o evangelho têm origem no fato de que miramos a "fileira da frente" em vez de mirarmos a "fileira de trás". Na fileira de trás se senta a família que chegou tarde, que discutiu a caminho da igreja, que tem um filho que não tem quem cuide dele engatinhando debaixo do banco, e que está tentando decidir se vir à igreja foi realmente uma boa ideia. Na fileira da frente se senta o grupo dos frequentadores fiéis que acompanham cada ponto da mensagem com a Bíblia no colo. Se a mensagem for orientada a fazer com que a fileira da frente seja abençoada, na maioria das vezes ela cairá em ouvidos surdos à medida que for avançando para a parte de trás. No entanto, se a mensagem tem o objetivo de tornar a Bíblia relevante e compreensível para a pessoa que está na última fila, ela geralmente alcançará a todos.

Nunca se esqueça de que o Grande Médico veio para os doentes, e que o Bom Pastor veio para aquela única ovelha perdida, e não para as noventa e nove. Se perder o contato com este pensamento, você achará a sua pregação e o seu testemunho fracos e menos intensos. Eles perderão a força enquanto você grita "aleluia" e se parabeniza por passar para as coisas "mais profundas" de Deus.

Minha esposa teve uma interação interessante com a nossa atual geração de jovens ao se oferecer para dar um estudo bíblico em nosso instituto de correção para meninos. Ela utiliza vídeos bíblicos e descobriu rapidamente que até mesmo histórias como Davi e Golias eram totalmente estranhas para muitos dos garotos. Então, ela decidiu implementar um componente de memorização das Escrituras nas suas sessões de sábado (com barras de chocolate recheadas oferecidas como prêmio para os que tivessem êxito!). À medida que encontraram a Cristo, os meninos começaram a ficar famintos pelas Escrituras.

Há inúmeras formas pelas quais os crentes comuns podem usar as Escrituras para tocar suas famílias, seus vizinhos e seus colegas de trabalho. Não estou falando em dar um sermão ou em citar um versículo bíblico toda vez que alguém compartilhar um problema com você. As pessoas querem respostas reais para os seus problemas. Mas quando você começa a amá-las verdadeiramente, a interagir com elas regularmente, e a compartilhar regularmente e naturalmente as verdades encontradas na Palavra de Deus, você pode se surpreender com o quanto elas se tornam interessadas no Deus a quem você serve e no que Ele diz nas Escrituras.

DEDICAÇÃO ÀS ESCRITURAS

Os primeiros crentes "perseveravam na doutrina dos apóstolos" (At 2:42). O hábito devocional da leitura diária das Escrituras é a coisa mais importante que precisamos incutir nos crentes. No capítulo cinco, mencionei como a nossa congregação está utilizando o método de *Leitura da Bíblia em Um Ano*, ano após ano. Eu enfatizo a leitura deles com mensagens que seguem esse plano de leitura.

A leitura, porém, pode se tornar "uma corrida em direção à reta final". Certa vez, ouvi uma ilustração das diferentes formas como você pode viajar de Baton Rouge a Los Angeles. Se você for de avião, verá pouco. Se for de carro, verá muito mais. Se você for de bicicleta, verá grande parte do campo. Mas se for a pé, você verá *tudo*. O mesmo acontece com a leitura das Escrituras: quanto mais devagar você avançar, mais você verá.

Isto não significa que uma leitura superficial das histórias e dos personagens da Bíblia seja má em si. Todos devem dar uma primeira passada pelo método de leitura da Bíblia em um ano, ou por algum outro plano de leitura. No entanto, é a observação e a aplicação dos versículos que trazem vida. Anotar pensamentos relevantes e momentos de ensinamento que vêm através da leitura da Palavra também é muito útil.

Todas as minhas pregações se baseiam na abordagem da "caminhada até Los Angeles". Independentemente de quantas vezes já li a Bíblia inteira (talvez cinquenta a sessenta vezes até agora), vejo algo totalmente novo todos os dias. Enquanto leio, medito em um versículo até que uma palavra *rhema* venha ao meu espírito. Uma palavra *rhema* (termo grego geralmente utilizado para uma palavra específica, revelada, em oposição a uma palavra *logos*, que é geral e objetiva) é aquilo a que Paulo se refere como "a espada do Espírito, que é a palavra [*rhema*] de Deus" (Ef 6:17). Além disso, Jesus disse: "Não só de pão viverá o homem, mas de toda palavra [*rhema*] que procede da boca de Deus" (Mt 4:4). Quando os crentes entenderem que a leitura diária da Palavra de Deus lhes dá o maná fresco do céu para as circunstâncias que eles vivem, eles se tornarão totalmente dedicados à leitura da Bíblia.

A dedicação às Escrituras também significa a recusa a se desviar delas. Quantas "trilhas de coelho" e heresias existem porque alguém está "mercadejando a Palavra de Deus" (2 Co 2:17) e "adulterando a Palavra de Deus" (2 Co 4:2)?

Certa vez, ouvi um grande pregador escocês dizer: "Não é apenas o que a Bíblia *diz*, mas o que a Bíblia *também diz*". Criar doutrinas e dogmas a partir de um único trecho da Bíblia fora de contexto é a trapaça da arte herética. A "Palavra equilibrada" é uma senha para se sustentar a ideia geral do pensamento que o Espírito está transmitindo através das Escrituras, em vez de se sustentar uma "revelação" que fará cócegas nos ouvidos, mas que não tem fundamento sólido. Você se lembra do livro "os oito motivos pelos quais Cristo deve voltar em 1988", que vendeu milhares de cópias – até 1989? Fique alerta contra estas coisas.

Quando eu era missionário no Gana em 1976, iniciamos uma granja para complementar o nosso orçamento operacional (uma má ideia, por sinal). Não sabíamos que o país era tão pobre e que não tinha vacinas para aves. Certa noite, um vírus aviário varreu a nossa granja, e pela manhã milhares de galinhas estavam mortas. Penso nesta cena com frequência quando vejo o "vírus aviário" dos ensinamentos desequilibrados e da semântica exagerada destruindo milhares de crentes por todo o mundo nos nossos dias. "À lei e ao testemunho! Se eles não falarem desta maneira, jamais verão a alva", disse Isaías sobre os falsos profetas e charlatões de seus dias (Is 8:20).

A interação, aplicação e dedicação às Escrituras devem vir em primeiro lugar e ser o centro da igreja dos nossos dias. Em vez de procurarmos disfarçar conceitos bíblicos, deveríamos promover as palavras reais das Escrituras através da pregação expositiva. Os crentes deveriam interagir com suas Bíblias no seu tempo de oração diário, e se tornarem biblicamente fluentes a fim de treinarem seus filhos. Como dizem as Escrituras: "Não cesses de falar deste Livro da Lei; antes, medita nele dia e noite" (Js 1:8). "Estas palavras... estarão no teu coração; tu as inculcarás a teus filhos, e delas falarás assentado em tua casa, e andando pelo caminho, e ao deitar-te, e ao levantar-te" (Dt 6:6-7).

Através do poder da oração e do jejum e do poderoso estudo e pregação da Bíblia, traremos um grande avivamento ao mundo. Agora estamos prontos para passar para outra grande área de restauração que precisa acontecer na igreja: o retorno à integridade.

CAPÍTULO 8

MANDAMENTO 3: INTEGRIDADE

Escolha ter uma boa reputação acima de grandes riquezas, pois ser tido em alta estima é melhor do que possuir prata ou ouro.

– PROVÉRBIOS 22:1, NLT

O fardo pelos perdidos, manifesto em oração e jejum, aliado à pregação das Escrituras é o fundamento de todo ministério. Sobre estes dois princípios repousa a coluna angular do sucesso: a integridade.

Em matemática, um número inteiro é chamado de unidade. Nada falta - ele é totalmente completo. Ele não está completo apenas em três quartos, ou em qualquer outra fração; ele é inteiro. No ministério, ter integridade significa ser inteiro e são. A integridade ministerial assim inspira confiança, assim como o dinheiro na esfera econômica. Qualquer coisa menos do que cem por cento de integridade no ministério gera desconfiança e cria a suspeita de que se está sendo roubado.

Existem quatro áreas em qualquer vida cristã, mas principalmente no ministério, que precisam ser íntegras: *finanças, compromissos, honestidade* e *doutrina*. A atenção cuidadosa a estas áreas é crucial e trará recompensas para toda uma vida de influência. A integridade nestas áreas nos dá uma boa reputação na comunidade onde vivemos, trabalhamos e ministramos. Sem integridade, não temos chance de nos infiltrar no mundo perdido e exercer uma influência expressiva para o reino de Deus.

Ao ler este capítulo, tenha em mente que, embora eu esteja enfatizando a integridade no ministério, os princípios se aplicam a todos. Deus não tem um padrão duplo; o que Ele espera do pastor que está em posição de evidência, Ele também espera do crente comum. Todos nós somos embaixadores de Cristo, todos nós somos sacerdotes do Seu reino, e todos nós precisamos sustentar somente os mais altos padrões de integridade em nossa vida pública e privada. Mas devido ao fato de tantos escândalos terem sacudido o mundo cristão com relação à integridade no ministério, vamos dar uma olhada mais de perto neste aspecto.

INTEGRIDADE NAS FINANÇAS

Nenhum problema foi mais examinado do que a administração das finanças da igreja. Quer os questionamentos ocorram por parte do Imposto de Renda, do corpo diaconal, do Senado, da mídia, dos vendedores, dos advogados de ex-funcionários, ou da população em geral, a improbidade financeira significa a perda instantânea da credibilidade. O dinheiro é tão potencialmente perigoso que, embora os ministros não devam ficar paranoicos, eles devem lidar com ele como lidariam com explosivos.

Ao administrar as finanças de uma igreja, existem vários princípios básicos para nos orientar e certas regras práticas para nos proteger. Se você é um pastor, verifique de que modo está implementando estes princípios e regras; se você é um membro de igreja, use-os como diretrizes para ajudá-lo a fazer um julgamento seguro com relação à igreja local da qual faz parte.

1. "A NINGUÉM FIQUEIS DEVENDO COISA ALGUMA, EXCETO O AMOR COM QUE VOS AMEIS UNS AOS OUTROS" (RM 13:8).

O débito que é garantido (ou seja, aquele que tem uma propriedade como garantia do seu valor) é aceitável, mas ainda exige o pagamento imediato e sem desculpas. Alguns ministérios retêm o pagamento que devem a vendedores e credores por noventa dias para fins de administração de caixa. Na Bethany Church, *nunca* fazemos isso, preferindo pagar no mês em que devemos. Assim, protegemos a nossa reputação e mantemos as portas abertas para nossos vendedores e credores. A frase "o cheque será depositado na próxima semana" se tornou uma farsa. Ela não tem lugar no ministério cristão.

Uma estação de televisão afiliada à ABC em Baton Rouge com quem tivemos um relacionamento bom e duradouro, certa vez honrou a nossa equipe de liderança com um almoço na estação deles. O proprietário da estação também é dono do jornal local e dirige toda a mídia da nossa cidade, de modo que o almoço foi uma grande honra. A estação explicou o motivo para este belo almoço com uma frase: "Vocês são os únicos na nossa estação que pagaram as suas contas em dia durante todos os vinte anos em que seu programa matutino de noventa segundos esteve no ar".

2. O CUSTO DOS PRÉDIOS E SUA MANUTENÇÃO NUNCA DEVEM EXCEDER 35 POR CENTO DA RENDA DE UMA IGREJA.

Os salários devem variar entre 20 e 40 por cento. As ofertas para missões nunca devem ficar abaixo do nível de 10 por cento dos dízimos, e podem aumentar até 25 por cento ou mais se a igreja estiver livre de dívidas. As economias devem ser de 5 a 10 por cento. Estas porcentagens não afetam a integridade, a não ser que a igreja as transgrida e não possa mais pagar as suas obrigações no mês devido.

3. O DINHEIRO DADO *TEM QUE SER* USADO PARA O FIM A QUE SE DESTINA.
Não há concessões a se fazer em relação a este princípio – fazer isso é ilegal, além de ser uma prática não apreciada. Quando um membro se sacrifica para plantar uma igreja, para construir um berçário, ou para apoiar uma viúva, esses fundos, no valor exato e no momento em que foram dados, devem abrir caminho até a necessidade a que se destina (independente do quanto possam estar sendo desesperadamente necessários para outro fim).

4. INTERESSES EXTERNOS DE NEGÓCIOS ENTRE A *LIDE-RANÇA* E A *MEMBRESIA* ALTERAM O RELACIONAMENTO E NÃO PODEM EXISTIR.
Quando um pastor ou o líder de uma igreja entra em um relacionamento de negócios com um membro, o relacionamento muda de pastor/ovelha para sócio/sócio. Qualquer mudança no balanço dos lucros ou nas responsabilidades provavelmente ocasionarão um racha entre os dois.

O corpo de Cristo não é uma coleção conveniente de contatos. É uma família santa caminhando em conjunto para o céu. 2 Timóteo 2:4 diz: "Nenhum soldado em serviço se envolve em negócios desta vida, porque o seu objetivo é satisfazer àquele que o arregimentou". Não consigo ver o apóstolo Paulo com contatos em diversos níveis em todas as igrejas que fundou. Suas motivações permaneceram puras porque as ovelhas eram a sua mordomia, e não a sua recompensa.

5. AS IGREJAS DEVEM SUSTENTAR SEUS PASTORES E LÍDE- RES DE FORMA ADEQUADA: "NÃO ATARÁS A BOCA AO BOI QUANDO PISA O TRIGO" (I CO 9:9; VER TAMBÉM OS VERSÍCULOS 10 A 14).

Existem recursos disponíveis para se avaliar a média salarial dos pastores sem fins lucrativos nos Estados Unidos. Uma diretoria ou congregação pode orgulhosamente sustentar a sua liderança sem demonstrar extravagância ao mundo que os observa. Os ministros não são assalariados, mas guardiões do rebanho e merecem uma compensação adequada. Não é obri- gação da congregação manter o pastor pobre e "dependente de Deus". Nem é obrigação da congregação sustentar o estilo de vida esbanjador e extravagante de um pastor que quer viver muito acima do padrão.

6. PRESSIONAR PARA OBTER RECURSOS GERA UMA SEN- SAÇÃO DE MANIPULAÇÃO E FALTA DE SINCERIDADE.

Realmente é necessário dinheiro para fazer o ministé- rio funcionar e para expandi-lo. No entanto, quando as ovelhas sentem que são um meio para se chegar a um fim - parte de uma agenda que equipara o valor delas com o dinheiro que possuem - o resultado é a perda de integridade. Qualquer pes- soa pode ser acusada disso, mas os líderes precisam saber que eles não devem agir "pela carne" com relação a um projeto que desejam mais do que o Espírito Santo ou as pessoas. Um prédio, uma mudança, ou uma ação de evangelismo precisam ser abastecidos com o combustível do desejo do povo (como aconteceu com o tabernáculo de Moisés quando ele precisou pedir que o povo parasse de contribuir).

7. Os MEMBROS MERECEM SER INFORMADOS ACERCA
DOS GASTOS.

Na Bethany Church, emitimos um relatório financeiro ao final de cada ano, demonstrando por categorias todas
as despesas e rendimentos. Isto não tem o objetivo de servir
de prova em disputas de orçamento, mas de garantir aos nossos
membros quais são as nossas prioridades (missões, juventude
e crianças, evangelismo local) e também as nossas obrigações
(pagamentos principais, custos de utilização, custos com o
quadro de funcionários). Evitamos relacionar o salário de cada
funcionário porque isto inevitavelmente leva a rivalidades e
conflitos dentro da equipe e dentro da igreja, Todos os salários
de nível executivo são controlados por um comitê externo
de pagamentos, conforme disposição da Receita Federal dos
Estados Unidos.

COMPROMISSOS

Um compromisso acontece quando alguém entende que você
prometeu alguma coisa. Com certeza, algumas pessoas contro-
ladoras podem interpretar o seu silêncio ou a sua cabeça se
movendo para cima e para baixo durante a proposta delas como
um compromisso assumido. Entretanto, um compromisso real
não é um mal-entendido, mas uma obrigação genuína que você
assume de boa fé.

"A sua palavra é a sua fiança" foi a máxima que permitiu que meu avô fizesse um empréstimo em um banco local
nos anos trinta apenas com um aperto de mão. Naquele tempo,
um homem preferia morrer a quebrar a sua palavra.

A Bíblia declara que o homem íntegro "jura com dano
próprio e não se retrata" (Sl 15:4). Quando um compromisso
sair da sua boca, você precisa ter a mesma integridade com ele

que Deus tem com a Sua Palavra. Seria melhor que você pagasse por suas despesas pessoais do que alterar um compromisso que assumiu publicamente.

Os compromissos feitos no púlpito, naturalmente, são invioláveis. A nossa equipe sabe que se anuncio algo para o povo, aquilo passa a ser a nossa nova direção. Basta um pastor alterar a sua palavra uma vez para gerar suspeita sobre cada anúncio que fizer depois disso. Naturalmente, erros acontecem, mas se o pastor estabeleceu uma direção, ele deve segui-la. Isso gera confiança no púlpito como a verdadeira fonte de informações precisas sobre a direção da igreja.

Os compromissos individuais assumidos pelos membros da igreja são tão sagrados quanto os demais. Quando você diz que trabalhará no berçário no próximo trimestre, mas depois de duas semanas diz que Deus "lhe disse" para parar, você está quebrando o seu compromisso. Quando você promete certa quantia em dinheiro para a campanha do novo prédio, mas decide em vez disso utilizar o dinheiro para umas férias "bem merecidas", você está transgredindo um compromisso. Assim como você espera que os líderes da igreja mantenham a palavra deles dada a você, eles estão contando que você faça o que prometeu.

Samuel vivia uma vida aberta diante da nação. Seu discurso final mostrou a sua integridade: "'Eis-me aqui, testemunhai contra mim perante o Senhor e perante o seu ungido: de quem tomei o boi? De quem tomei o jumento? A quem defraudei? A quem oprimi? E das mãos de quem aceitei suborno para encobrir com ele os meus olhos? E vo-lo restituirei.' Então, responderam: 'Em nada nos defraudaste, nem nos oprimiste, nem tomaste coisa alguma das mãos de ninguém'" (1 Sm 12:3-4). Ah, que o mesmo possa ser dito de todos nós!

Os compromissos também envolvem a área da responsabilidade. Antes de aceitar uma responsabilidade, você deve cal cular o custo (ver Lucas 14:28). Comprometer-se com alguma coisa significa aumentar a sua sobrecarga até um ponto onde ela não pode mais ser revertida. Fique com os seus compromissos até que eles tenham sido concluídos. Não se comprometa com um evento, um projeto, uma equipe ou uma tarefa e depois mude de ideia sobre o assunto. Os líderes cristãos e os crentes devem ser conhecidos por serem as pessoas mais confiáveis dentro da sua comunidade com relação aos seus compromissos.

Infelizmente, alguns pastores às vezes cancelam compromissos missionários internacionais por serem eventos distantes e anônimos. Cruzadas, conferências e projetos de prédios prometidos desaparecem por causa de restrições orçamentárias ou porque "o Senhor deu uma direção diferente". Além disso, membros de igrejas levados pela emoção durante congressos de missões às vezes prometem apoiar certos missionários mensalmente, mas nunca dão sequer o valor referente ao primeiro mês.

Um de nossos pastores locais na Nigéria certa vez pegou carona e andou por mais de um mês por todo o continente africano, apenas para participar de uma conferência no Quênia. Quando chegou à capital, Nairobi, descobriu que o ministério americano que patrocinava o evento de repente havia cancelado a conferência. Ele pegou carona e andou todo o percurso de volta para casa, mas nunca entendeu o que havia acontecido.

Tenho sido missionário na África há quase dois anos, e desde então tenho recolhido os pedaços de corações partidos deixados por ocasiões em que pastores e indivíduos não cumpriram com os seus compromissos missionários. Quando me comprometo a sustentar um missionário por um ano, prefiro abrir mão do meu próprio salário do que enviar aquela pessoa para o campo e deixá-la desprovida.

Mas é exatamente isso que acontece muitas vezes. Muitos missionários me contam histórias de pastores e de cristãos que lhes prometem apoio por um ano, mas que param depois de dois meses. Os missionários chegaram ao ponto de já esperar a falta de integridade nos compromissos assumidos com eles, pensando: "Vou acreditar quando puder ver".

Os cristãos, sejam pastores ou leigos, nunca deveriam precisar de um contrato legal para fazer com que cumprissem a sua palavra. Se eles temerem ao Senhor e acreditarem que a integridade é a sua maior honra, estarão dispostos a cumprir os seus compromissos. "Mais vale o bom nome do que as muitas riquezas; e o ser estimado é melhor do que a prata e o ouro" (Pv 22:1).

Enquanto escrevo este capítulo em um avião, voltando da Alemanha para casa, não consigo parar de chorar. Sinto uma tremenda unção do Espírito Santo sobre o que estou lhe dizendo neste instante. Vamos consertar as coisas, irmãos! É tempo de um novo padrão de integridade com o qual nenhuma instituição mundana possa sequer começar a se comparar. A reputação, não apenas da igreja, mas também do nosso próprio Salvador está em jogo, e precisamos mudar radicalmente de direção e nos dedicarmos a cumprir com os nossos compromissos.

HONESTIDADE

Em um tribunal, perguntam: "Promete dizer a verdade, somente a verdade e nada mais que a verdade?". Integridade significa um compromisso com toda a verdade. É seguir a ordenança bíblica: "Procurai proceder corretamente diante de todas as pessoas" (Rm 12:17, KJV).

Se você omite fatos pertinentes (amnésia seletiva) tentando persuadir, isto é mentira. Uma mentira é simplesmente qualquer intenção de enganar. Portanto, mentira não é apenas o que você diz, mas também o que você permite que as pessoas acreditem com fins mentirosos. *Esta é uma palavra importante.*

Omitir deliberadamente a verdade levando as pessoas a conclusões erradas não demonstra integridade.

O *exagero* é outra tentação grave na área da honestidade. Alguns definiram a honestidade como a "lembrança precisa dos fatos". Uma pessoa ministrou em nossa igreja anos atrás e descreveu um ônibus que estava usando para transportar pacientes com câncer. Meu pai calculou o comprimento que o ônibus deveria ter para poder conter o número de pessoas que o ministro disse que ele podia levar. Aquele ônibus precisaria ter mais de 38 metros de comprimento! Quando foi confrontado com esta falta de precisão óbvia, o ministro respondeu: "Você sabe, nada é grande demais para Deus".

Esta resposta lamentável nos faz lembrar que os testemunhos de milagres, de orações respondidas, e de intervenções sobrenaturais aparentes devem ser precisos. Deus não precisa de nenhuma ajuda para defender a Sua grandeza. Diminuímos a Sua glória quando mais tarde certos fatos vêm à tona e lançam uma sombra sobre a veracidade de um milagre.

O *medo do constrangimento* também gera uma grande tentação de sermos desonestos. Quando fracassos e falhas se tornam óbvios, a crise passa no instante em que a verdade é dita. As pessoas podem se ajustar à realidade, mas não a uma sensação de contradição. Por mais constrangedora que a verdade possa ser, quando você diz a "verdade, toda a verdade, e nada mais que a verdade", a crise termina.

O mundo espera veracidade de seus líderes: atletas, políticos, atores, e, sim, até dos líderes espirituais. Os cristãos, mais do que qualquer outro grupo de pessoas, precisam abrir o caminho para se tornarem conhecidos como aqueles que não têm nada a esconder e cuja transparência é lendária. O mundo realmente está nos observando.

A raiz de toda desonestidade é o orgulho e a insegurança. Aqueles que parecem duvidosos, evasivos e esquivos têm

um profundo sentimento de insegurança de que serão rejeita-
dos se os seus erros vierem a se tornar conhecidos. Mas há uma
resposta para este problema: simplesmente admita-o! Traga o
seu orgulho até à cruz e seja transparente. As pessoas não rejei-
tarão você; elas o respeitarão. Os maiores cristãos que conheço
são totalmente transparentes com os outros e são imensamente
amados em troca por esta confirmação de que todos, na verdade, somos apenas carne.

DOUTRINA

Incluí este tópico entre os temas da integridade porque a Bíblia
muitas vezes se refere à doutrina como algo que precisa ser *saudável*. 2 Timóteo 4:3 diz: "Pois haverá tempo em que não supor-
tarão a sã doutrina". Tito 1:9, ao falar dos supervisores da igreja,
diz que eles devem ser capazes de "exortar pelo reto ensino", e
Tito 2:1 nos exorta a "falar o que convém à sã doutrina".

Uma doutrina duvidosa e estranha construída sobre
um fragmento de revelação fere a credibilidade do corpo de
Cristo. Esse tipo de doutrina pode fazer cócegas nos ouvidos
de alguns que anseiam por algo desconhecido, mas, em longo
prazo, ela destrói. Um ministério que altera as Escrituras para se
adequar à sua agenda me faz lembrar o antigo rei egípcio que
obrigava seus hóspedes a se encaixarem na cama, esticando-
os se eles fossem pequenos demais e cortando seus pés se eles
fossem altos demais. Isto é incrivelmente ridículo, e o mesmo
acontece quanto alteramos as Escrituras.

Sem ser irreverente com aquilo que alguns prezam,
devo dizer que expor doutrinas que alteram radicalmente o
comportamento sadio da comunidade fere a nossa integridade.
Manusear cobras (com base em Marcos 16:18), a doutrina da
ausência de morte (com base em João 11:26), ou a recusa em

procurar auxílio médico com base em um versículo isolado beiram a presunção, e não a fé.

A sua doutrina precisa ser sã. Isto significa ter equilíbrio, prendendo-se a um fio sólido de verdade bíblica que percorre toda a Bíblia, e não construindo sobre uma nuança da inflexão do grego ou do hebraico na *Concordância de Strong*. Previsões, cronogramas, e "fatos" bíblicos que são meras interpretações abalam a fé das pessoas quando essas previsões não se realizam. Muitos estavam convencidos "biblicamente" de que Anwar Sadat era o anticristo – até que ele foi assassinado! Inicie a sua visão particular da doutrina bíblica com palavras do tipo "É possível que..." e evite afirmações dogmáticas do tipo: "Isto obviamente significa...".

À medida que nos aproximamos de tempos perigosos, eu me torno cada vez mais insistente sobre a necessidade de se ter um fundamento sólido para toda e qualquer doutrina. Você não será penalizado por sua eficácia para o Senhor por não adotar a última moda doutrinária. Mas você *será* penalizado se pegar cada "vírus de gripe" doutrinária que anda por aí e depois tiver de se "recuperar". A sua sanidade e integridade serão questionadas.

Os resquícios das fantasias doutrinárias dos últimos quarenta anos são o lixo que polui o cenário evangélico, como carros velhos em depósitos abandonados. Se surgir uma nova ideia, pense na história daquela doutrina, começando na igreja primitiva com os pais da igreja. Talvez seja um engano antigo reciclado, que nossos pais sangraram e morreram para corrigir.

Meu sogro certa vez fez uma afirmação que me dirigiu em relação às questões relacionadas à integridade discutidas neste capítulo. Ele disse: "A integridade é como a virgindade. Uma vez perdida, está perdida para sempre". Verdadeiramente as suas finanças, os seus compromissos, a sua honestidade e a sua doutrina formam a essência da sua reputação.

Paulo disse a Timóteo: "Mantém o padrão das sãs palavras que de mim ouviste com fé e com o amor que está em Cristo Jesus. Guarda o bom depósito, mediante o Espírito Santo que habita em nós" (2 Tm 1:13-14). Satanás daria qualquer coisa para roubar o seu tesouro, portanto você precisa guardá-lo. Se você falhar, admita-o sinceramente e mude imediatamente. A sua família, a sua igreja e o evangelho estão dependendo disso.

Relacionada à integridade está outra grande área onde Deus nos ordena a andarmos com honra: a pureza.

CAPÍTULO 9

Mandamento 4: Pureza

A sabedoria, porém, lá do alto, é, primeiramente, pura.

— Tiago 3:17

Os nossos valores morais estão em plena queda. A *pureza* se tornou um termo digno de riso. Os olhares vagueantes farejam carne nua onde quer que ela esteja exposta. Disfarces elaborados são revelados para que todos vejam quem são os *Enganadores*. Homens com um histórico impecável impressionam o público com seus prazeres secretos.

Nenhuma destas tendências nos atinge com maior impacto do que quando são encontradas no ministério. Cada revelação endurece a alma dos homens para o evangelho enquanto a lendária pureza de pessoas como Billy Graham vai saindo de cena.

Certa vez, ouvi uma história de que a equipe de Billy Graham inspecionava o seu quarto de hotel todas as noites antes dele se retirar, olhando em baixo da cama e no armário para garantir que ninguém tivesse plantado uma mulher no local com o intuito de fazer uma falsa acusação contra ele. Não sei se esta história é verdadeira, mas a verdade é que os muitos anos de pureza ministerial e de fidelidade conjugal de Billy Graham agigantam-se sobre a consciência americana.

Nós, cristãos, e principalmente pastores, temos de estar muito atentos. Sempre haverá fracassos na área da pureza moral, mas certamente podemos lutar contra a maré. Certamente pode haver mais pessoas como nós, que, com muitos anos de estrada, podem afirmar a sua pureza moral de muitos anos, homens como meu pai, que manteve a pureza em sua vida e ministério por sessenta e três anos.

A mãe de um amigo meu vivia no campo. Durante anos, aquela mulher usou um mata-moscas em casa para poder matar as moscas que entravam constantemente pelas janelas abertas. Finalmente, seu filho sugeriu que ela colocasse telas nas janelas. Telas não garantem um ambiente "sem moscas", mas certamente podem diminuir o número das que entram!

Embora não possamos garantir a pureza moral, há medidas que podemos tomar para filtrar a impureza. Há certas precauções e padrões pelos quais podemos nos guiar para eliminar as constantes notícias sobre mais um homem de negócios, ministro ou líder cristão envolvido em um escândalo. Quem, além de mim, está pronto para um padrão de pureza radical e rotineiro?

A pureza é o legado da toda uma geração de cristãos, mas a impureza manchará a sua vida para sempre, como fez com Davi, o maior rei de Israel, e afetará as gerações que vierem depois de você. Vamos ver o que é pureza e como podemos mantê-la.

O QUE É PUREZA?

Pureza se refere ao controle interior dos apetites, pensamentos e atos carnais. Significa "sem mistura", um estado de ser inegociável. Significa "sem contaminação", livre da corrupção externa. Não é interessante que algo puro seja chamado de "não adulterado"? Precisamos desesperadamente de alguns cristãos não adulterados! Paulo disse: "Todas as coisas são puras para os puros; todavia, para os impuros e descrentes, nada é puro" (Tt 1:15). Meus pensamentos remontam aos nazireus, cuja posição diante de Deus dependia da sua pureza. Tocar um corpo morto, beber vinho ou cortar o cabelo significava corrupção e queda da mais alta posição de santidade. Samuel, Sansão e João Batista foram nazireus por toda a vida, homens dedicados a Deus desde o nascimento.

Sansão, infelizmente, ilustra a falta de pureza que geralmente se encontra no corpo de Cristo. Suas pequenas concessões abriram caminho para a sua grande queda. "São as 'raposinhas' que devoram os vinhedos" (Cântico dos Cânticos 2:15, NKJV), e vemos esse padrão no ministério de Sansão. Em Juízes 14:5, um leão saltou sobre ele na vinha, mas você já se perguntou por que ele estava na vinha para início de conversa (onde estão as uvas)? O que ele estava fazendo quando se sentiu compelido a se esconder de seus pais (v. 6)? Por que mais tarde ele tocou a carcaça do leão para pegar um pouco de mel (vv. 8-9), quando havia sido proibido de tocar em qualquer corpo morto? E, finalmente, por que ele revelou a Dalila a fonte de sua força? Como uma mariposa atraída por uma vela, ele flertou com a impureza e abriu mão de seus princípios.

Certa vez, ouvi uma boa ilustração sobre este flerte perigoso com o pecado. Um recife de corais mortal pode espreitar bem abaixo da superfície da água. Impossibilitado de ser visto em um canal, esse recife pode rasgar o casco de um navio e afundá-lo em um minuto. E se você estivesse passando por um canal que tivesse recifes de corais dos dois lados? Como você veria até onde poderia se aproximar de qualquer dos recifes sem tocar nele? Ou você se dirigiria para o meio do canal para estar absolutamente seguro de não se aproximar de nenhum dos dois?

Sansão brincou com as probabilidades e perdeu. Os outros dois nazireus de nascimento, Samuel e João Batista, mantiveram-se puros e desfrutarem de uma crescente influência ao longo de suas vidas.

Precisamos fazer com que andar em pureza seja a nossa prioridade máxima. Jesus disse: "Bem-aventurados os limpos de coração, porque verão a Deus" (Mt 5:8). Sem pureza, ninguém verá o Senhor porque Deus é totalmente puro. No Antigo Testamento, a purificação vinha através da aspersão do sangue e da água. No Novo Testamento, ela vem através da aplicação do sangue de Jesus à nossa mente e espírito: "Aproximemo-nos, com sincero coração, em plena certeza de fé, tendo o coração purificado de má consciência e lavado o corpo com água pura" (Hb 10:22).

Até no mundo natural queremos pureza. Nosso corpo anseia por respirar ar puro e beber água pura. Os mercados de alimentos integrais ganham milhões comercializando alimentos livres de conservantes e aditivos (Alguém sugeriu chamar isto de Pagamento Integral!). As pessoas pagam qualquer preço pela pureza. No mundo espiritual, a pureza é primeiramente um estado de espírito que é sem mistura, sem contaminação, e sem condenação. Nossas almas e consciências anseiam por ela, como o oxigênio espiritual.

O sacerdócio do Antigo Testamento exigia rituais elaborados de purificação: "lavado o corpo com água pura" (Hb 10:22). Cada partícula de corrupção por sujeira, doença ou decomposição tinha de ser removida para se manter um ambiente de adoração. Sabemos que hoje estamos livres dos rigores da lei, mas o que há de errado em se ter uma mente e uma consciência igualmente puras?

A PUREZA MORAL

A Palavra de Deus nos dá um padrão claro de pureza moral: "Ou não sabeis que os injustos não herdarão o reino de Deus? Não vos enganeis, nem impuros, nem idólatras, nem adúlteros, nem efeminados, nem sodomitas, nem ladrões, nem avarentos, nem bêbados, nem maldizentes, nem roubadores herdarão o reino de Deus. Tais fostes alguns de vós; mas vós vos lavastes, mas fostes santificados, mas fostes justificados em o nome do Senhor Jesus Cristo e no Espírito do nosso Deus" (1 Co 6:9-11).

Deus criou Adão e Eva com desejos sexuais puros. A atração natural deles um pelo outro deu lugar a uma intimidade e a um relacionamento profundos. Eles foram um, primeiro em espírito, e depois no corpo. Satanás odeia esta união poderosa e tem procurado desde o princípio dos tempos perverter e destruir o padrão de Deus. A homossexualidade, a fornicação e a pornografia são exemplos de comportamento imoral. Nossa consciência nos diz que estas coisas são imorais, mas Satanás nos engana para pensarmos que elas são normais e aceitáveis.

Entendo que ao expor estas coisas estou me opondo a um espírito demoníaco muito poderoso que tem trabalhado incansavelmente para convencer a igreja em todo o mundo de que as coisas que Paulo chamou de imorais são normais. Ouvimos as explicações da genética, os testemunhos de divórcios "bem sucedidos", e as explicações doutrinárias do legalismo. Cheguei a ouvir uma "ministra" lésbica me dizer que o pecado de Sodoma e Gomorra foi o pecado da falta de hospitalidade, e não a imoralidade! Ela e os que são como ela dizem que nós, que sustentamos os padrões bíblicos óbvios é que somos o problema; eles dizem que o nosso legalismo meticuloso trouxe condenação sobre aqueles que estão, de forma impotente, aprisionados em seus próprios corpos.

Não creio que Deus seja influenciado por estes argumentos. Afinal, Ele sempre foi extremamente inflexível quanto às coisas que devemos trabalhar no campo moral. Seria melhor pararmos de tentar adivinhar os pensamentos de Deus e simplesmente nos submetermos a Ele. Ele é o nosso criador e jamais nos criaria com paixões incontroláveis que são contrárias à Sua Palavra.

A PUREZA DE PENSAMENTO

Sejamos honestos, toda impureza começa com um *pensamento*: "É assim que Deus disse...?" (Gn 3:1). Satanás questiona as ordens claras de Deus e O culpa por dar a ordem. Paulo chamou esse tipo de pensamento de "altivez" (2 Co 10:5), um desafio direto do inimigo ao padrão de Deus revelado. Então, se os pensamentos é que são o problema, como podemos controlá-los?

Imagine o seguinte cenário: Você está sentado sozinho com uma multidão em um aeroporto em outra cidade. De repente, entra em sua mente o pensamento de que ninguém que você conheça está por perto. A menos de cinquenta metros de distância, prateleiras de revistas cheias de fotografias de mulheres despidas esperam para serem exploradas. Para piorar as coisas, mulheres descuidadamente expostas estão sentadas à sua volta, provocando os seus sentidos.

O pensamento inicial sobre o anonimato leva a um pensamento de altivez: "Olhar algumas fotos é melhor do que cometer adultério. Afinal, Deus criou a anatomia da mulher. É só um pequeno prazerzinho à toa..." E os pensamentos fluem. Este pensamento de altivez agora começa a dirigir as fantasias de sua mente e bloqueia qualquer outra coisa. Finalmente, você obedece à sua carne e toma uma atitude indecorosa. Você tem um ataque rápido de consciência e sente algum tipo de arrependimento. Por mais sincero que ele possa ser, não remove as imagens, os pensamentos, ou o conhecimento de que você transgrediu, sem consequências.

Agora vem a maneira ainda mais fácil de ceder aos seus desejos: pela Internet. O seu mundo de fantasia gira fora de controle enquanto você se conecta e fica fascinado sem o menor temor de ser repreendido. O pensamento agora se tornou uma fortaleza (2 Co 10:4). A luxúria concebeu e deu à luz o pecado, e o pecado está amadurecendo a gerando a morte (Tg 1:15). Foi exatamente isto que aconteceu com Davi e Bate-Seba. Se ele apenas não a tivesse visto da sua sacada, jamais teria dado início à sua decadência.

Aprendi o poder que o Espírito Santo, que está em mim, tem para controlar a luxúria. Meu corpo é o Seu templo (1 Co 6:19), e Ele está pronto para entrar em ação em meu favor contra os pensamentos de luxúria. Simplesmente chamo o Seu nome ("Espírito Santo!") dentro de mim no instante em que qualquer imagem ou pensamento impuro entra em minha consciência. É impressionante a rapidez com que Ele extingue a paixão e o pensamento, como uma pistola de água apagando a chama de uma vela.

É totalmente impossível no mundo de hoje não ver imagens, exposições e "oportunidades" no mercado ou até na igreja. Mas fazendo do Espírito Santo o seu filtro e ajudante constante, você *pode* ter domínio-próprio sobre os desejos da carne que são despertados através dos pensamentos inflamados.

O arsenal de Satanás para injetar pensamentos de luxúria aumenta a cada dia: Internet, televisão, jornais, revistas, e agora até o telefone (soube que em breve será o maior portador de pornografia). Pedro, porém, disse que queria "despertar com lembranças a nossa mente esclarecida" (2 Pe 3:1). E Paulo disse: "Tudo que é puro... seja isso o que ocupe o vosso pensamento" (Fp 4:8).

Recepcionar conscientemente a imundície mental é como permitir que um caminhão de lixo estacione na linda entrada da sua casa e descarregue o lixo. Eu ficaria furioso se isto acontecesse, e fico furioso quando os carteiros inconscientemente entregam pornografia leve na minha porta em forma de revistas e anúncios. Não tolero isso, e você também não deveria tolerar.

Há alguns anos, nosso país ficou horrorizado com uma "exposição" que aconteceu no primeiro intervalo do Super Bowl, o campeonato nacional de futebol americano. Meus dois filhos e eu nos sentimos violentados. Não é de admirar que toda uma nova geração esteja lutando contra a luxúria como nenhuma geração na história. Cabe a nós entrar na batalha com eles e mostrar-lhes o caminho para a pureza moral.

Neste instante, a Internet representa o maior desafio à pureza moral. Mas existem filtros de Internet que funcionam, e eu exijo filtros em todos os computadores e laptops aos quais a equipe de nossa igreja tem acesso. Os filtros fazem você navegar mais lentamente e de forma mais enfadonha, mas você nunca enfrentará o horror de ter acesso a pornografia indesejada por ter digitado erroneamente o nome de um site favorito. Entendo, naturalmente, que ter um filtro, por si só, não garante que você não entrará no mundo imundo da Internet. Entretanto, isto pode impedi-lo de entrar nele *acidentalmente*, o que poderia ser o precursor de muitas viagens, ao menos em sua mente.

Em uma reunião de homens em nossa igreja anos atrás, o Dr. Edwin Louis Cole contou a história de um homem em Dallas que fazia parte de um pequeno grupo de homens com quem ele se encontrava semanalmente para prestar contas e ter comunhão. O homem começou a ter um relacionamento secreto pela Internet com uma mulher da Nova Inglaterra. Quando ele desapareceu um dia para encontrá-la, seus amigos olharam em seu computador e descobriram onde a mulher morava. Os amigos dele ficaram tão preocupados que pegaram um avião e voaram até à cidade para onde ele havia ido. Quando chegaram, ligaram para seu telefone celular e o localizaram. Atendendo ao amor deles, o homem permitiu que eles orassem pela sua libertação, que o levassem para casa, e que o ajudassem a se juntar à sua família. Embora esta história tenha tido um final glorioso, a maioria das histórias de homens capturados por um relacionamento ou fantasia sexual infelizmente não termina tão bem.

Conheço um bom casal de missionários, por exemplo, que se divorciou por causa de uma falha moral por parte do marido. A esposa relembrou o momento em que estavam estacionados em seu trailer de viagem a caminho do campo missionário. Ela sentiu falta do marido por alguns minutos e saiu para encontrá-lo. Ela descobriu que ele estava próximo à parte traseira do trailer, assistindo a um filme pornográfico no drive-in bem ao lado de casa. Ela o surpreendeu, e ele pediu perdão. Logo depois, porém, ele alimentou um relacionamento sexual com uma jovem do ministério deles e deixou sua esposa. A semente foi plantada naquele momento de exposição acidental: *estacionamento errado na hora errada.* Lembre-se sempre, a Internet é um drive-in constante, esperando para laçar a sua mente.

PUREZA NO CASAMENTO

A melhor defesa é um bom ataque. Você ouviu isto muitas vezes, mas na pureza, a melhor defesa é o princípio que Deus ordenou. Ele disse assim: "Seja bendito o teu manancial, e alegrate com a mulher da tua mocidade, corça de amores e gazela graciosa. Saciem-te os seus seios em todo o tempo; e embriagate sempre com as suas carícias. Por que, filho meu, andarias cego pela estranha e abraçarias o peito de outra?" (Pv 5:18-20).

Entendo que reverenciando e honrando minha esposa, qualquer outra tentação sexual parece sem valor. Minha esposa, Melanie, tem sido fiel criando nossos seis filhos: oito mudas de roupa por dia, inúmeras refeições e idas ao shopping, e anos de trabalho de casa e lições de casa. Ela literalmente investiu sua vida, sua beleza, e sua força em servir a meus filhos e a mim. Sua beleza física que a princípio me atraiu ainda está intacta. Sua estabilidade emocional amadureceu e se tornou real com o passar dos anos. Sua sabedoria no discernimento, nas finanças, com os empregados e na revelação é incomparável. Por que meus olhos ficariam atraídos por qualquer outra mulher que tem o seu próprio lamaçal de problemas que se escondem sob o véu de cílios que piscam?

Escolho Melanie. Por que motivo neste mundo, homens que um dia sentiram o mesmo por suas esposas escorregam para o mundo da fantasia de terem um caso com outra pessoa? O Dr. James Dobson descreve isto desta forma: Primeiro, tudo começa com um *olhar*. Quando os olhares se encontram, as faíscas voam. Um olhar pode se tornar um ato de encarar. É aí que começa o adultério. O olhar, quando observado, se torna um *toque*. Um roçar de mãos, um toque no ombro, e a química sobe para outro nível. Isto está definitivamente fora do limite para qualquer cristão. Depois de alguns toques, um momento de privacidade escondido leva a um *abraço*. É aí que a explosão máxima do adultério é iminente. Um abraço se torna um *beijo*, e o resto é óbvio. [1]

Tenha discernimento. Satanás pode fazer qualquer coisa parecer boa. Se abandonar a esposa da sua juventude por um modelo mais novo, você finalmente descobrirá as atitudes negativas e as falhas dessa nova pessoa. E a mesma sedução que esbarrou em você pode muito bem ser usada para iludir outra pessoa em outro tempo!

O Livro de Provérbios descreve o caminho prazeroso de insensatez que nos afasta da razão e nos leva à reprovação (Pv 7:6-23). Sinto que só há um meio de prevenir um caso sexual desastroso: prestar contas a alguém.

ALGUMAS RECOMENDAÇÕES COM RELAÇÃO À PUREZA

Adotei algumas políticas bastante severas para mim mesmo que me conduziram bem por todos esses anos. Você também pode querer levá-las em consideração.

1. NUNCA FIQUE SOZINHO COM ALGUÉM DO SEXO OPOSTO QUE NÃO SEJA O SEU CÔNJUGE.

Isto inclui almoços, aconselhamento, viagens de carro, e, naturalmente, viagens para fora da cidade. Deixe a porta do gabinete aberta se estiver se reunindo ou aconselhando um membro do sexo oposto. Sei que isto parece arcaico no nosso mundo profissional moderno, mas nenhuma racionalização pode enterrar a aparência do mal que você exibe em qualquer um destes cenários (sem mencionar como os relacionamentos florescem na privacidade). As mulheres que querem conversar comigo no saguão depois do culto contam com a participação de meu assistente na conversa, do contrário, ela não acontece. O ponto principal é evitar qualquer possível acusação perguntando a si mesmo: "Como eu me defenderia se fosse acusado por alguém nesta situação?".

2. PRESTE CONTAS SEMPRE.

Minha equipe, minha esposa e geralmente meu assistente pessoal (que viaja comigo) estão sempre cientes do meu paradeiro. Não existem ocasiões em que não consigo ser localizado em momento algum (Imagino que qualquer pessoa que

queira fazer uma falsa acusação contra mim não conheceria
o meu roteiro bem o bastante para construir um caso). O seu
cônjuge nunca deve ser surpreendido ao saber que você estava
em uma área da cidade onde ele ou ela não esperava que você
estivesse. Os seus planos, roteiros e eventos diários devem ser
um livro aberto.

3. NO TRABALHO OU NA IGREJA, FAÇA COM QUE SEU
TÉCNICO EM TI (TECNOLOGIA DA INFORMAÇÃO) INS-
TALE E GUARDE A SENHA DO SEU FILTRO DE INTERNET.
EM CASA, TENHA UM FILTRO EM TODOS OS COMPUTA-
DORES E PERMITA QUE UMA ÚNICA PESSOA (PROVAVEL-
MENTE A ESPOSA) TENHA A SENHA DA CONTA.

Existem muitos filtros bons para se escolher. Alguns
programas enviam um e-mail para cinco endereços de e-mail
pré-selecionados se um site pornográfico for aberto (com o
nome do site anexado). No ambiente de trabalho ou na igreja,
o técnico em TI também deve ter total acesso para verificar os
históricos de sites e para fazer a manutenção regular dos laptops
sem aviso prévio.

A mesma diligência deve ser exercida em casa. Você
está se enganando se pensa: "Não preciso de um filtro; nem eu
nem as crianças jamais acessaríamos um material tão repug-
nante". Você não sabe o que poderia fazer se tivesse a chance, e
certamente não sabe o que os seus filhos impressionáveis farão.
Instalar um filtro extingue o fogo antes que ele tenha chance
de arder. É uma medida de segurança da qual você não pode se
dar ao luxo de abrir mão.

Darei mais este passo: monitore de perto o que seus
filhos estão fazendo no computador. Se você tem um computador para toda a família, coloque-o em uma área aberta e
visível. Administre os horários e as condições sob as quais seus
filhos podem utilizá-lo. Tenha cuidado quanto a dar um laptop
para eles usarem no quarto. Preste atenção ao que seu filho está

fazendo no computador, principalmente se você permitir que ele ou ela tenha acesso a sites interativos e a salas de bate-papo que são tão populares entre os jovens de hoje.

4. FAÇA TODO O POSSÍVEL PARA SEMPRE VIAJAR ACOM-
PANHADO (DE UM DE SEUS FILHOS, UM ASSISTENTE, UM AMIGO DE CONFIANÇA, OU MELHOR AINDA, COM O SEU CÔNJUGE).

Uma vez eu havia levado minha filha comigo em uma viagem internacional quando uma prostituta bateu em minha porta no meio da noite e foi rejeitada por ela! Decidi ali mesmo nunca viajar sozinho. Não é de admirar que Paulo e Silas viajassem juntos.

Se você é um homem de negócios que precisa viajar para fora da cidade com frequência, fique alerta contra as tentações de Satanás. Lembre-se, os padrões de pureza permanecem os mesmos, seja em casa ou em um local distante; você nunca tira férias da moralidade. Seja especialmente diligente em contar ao seu cônjuge sobre o seu roteiro e sobre o seu paradeiro, e quando possível, leve o seu cônjuge junto. Se isto não for possível, fale diariamente com o seu cônjuge e mantenha contato com o que está acontecendo em casa enquanto você está fora. Você achará muito mais fácil combater até mesmo uma tentação passageira, quando, mesmo que não esteja presente fisicamente, mas se mantiver próximo ao fogo do lar em seus pensamentos.

5. NUNCA PERMITA QUE UMA PESSOA DO SEXO OPOSTO COMPARTILHE SENTIMENTOS ÍNTIMOS, SONHOS, OU SEGREDOS COM VOCÊ PESSOALMENTE OU POR CARTA.

Para muitos de nós, o local de trabalho substituiu a vizinhança como a fonte da maioria de nossos relacionamentos próximos. Embora a maioria de nós precise interagir com o sexo oposto em nossas responsabilidades profissionais, deve-se manter os limites adequados. Mantenha a conversa no nível profissional, mesmo quando estiver discutindo detalhes pessoais casuais. Se um colega de trabalho do sexo oposto quiser abrir o seu coração para você, direcione delicadamente a pessoa para um ouvinte mais adequado. Faça do assunto motivo de oração, mas não se torne confidente dessa pessoa.

Se você é um pastor, as mesmas regras se aplicam. Sim, você deve aconselhar e cuidar das ovelhas, mas não pode permitir o vínculo que ocorre quando as pessoas do sexo oposto compartilham a sua alegria ou dor profunda. É por isso que, sempre que possível, muitas vezes é preferível que mulheres aconselhem mulheres e homens aconselhem homens.

6. NOTIFIQUE A AGÊNCIA DE CORREIOS PARA IMPEDIR A ENTREGA EM SUA CASA DE QUALQUER CATÁLOGO COM PORNOGRAFIA LEVE QUE EXIBA MULHERES VESTIDAS DE FORMA INADEQUADA.

Eles têm meios de fazer isso, e esta medida também protege os seus filhos de paixões vulneráveis. Lembre-se, aquilo com o que os seus olhos se deliciam, mesmo que acidentalmente, entra no cérebro e cria uma lembrança – boa ou má. Se toda e qualquer coisa está entrando pela porta da sua casa, você está permitindo a entrada de imagens que ficarão cauterizadas no seu cérebro e que serão difíceis de expulsar. Tenha uma atitude em relação a isso e interrompa o processo no princípio antes que ele crie uma fortaleza em sua mente ou na mente de seus filhos impressionáveis.

7. BLOQUEIE TODO CANAL DE TELEVISÃO QUE EXIBA FILMES, COMERCIAIS E PROGRAMAS DE SEXO EXPLÍCITO: MTV, MULTISHOW E OUTROS.

Em geral a mulher da casa é a melhor pessoa para controlar a senha da supervisão adulta da sua programação de TV a cabo. Além disso, tome decisões de qualidade sobre que programas são permitidos e quais não são, e depois imponha-os. Quanto menores forem os seus filhos, mais você deve supervisionar a qualidade e a quantidade do que eles assistem na TV. Se estiver em dúvida sobre um programa, não assista! Só porque todo mundo – até mesmo outros cristãos – está assistindo, não é motivo para assistir também. Você responde ao Senhor por suas escolhas, tanto quanto eles.

8. EVITE FILMES COM TEOR POTENCIALMENTE OFENSIVO. Qualquer filme classificado como "impróprio para menores" pode conter cenas de nudez. Fique com os programas considerados "livres", e mesmo assim verifique os sites de informações que oferecem uma advertência quanto a qualquer cena potencialmente ofensiva.

O padrão para filmes é o mesmo padrão usado para a TV. Seja seletivo, estabeleça um padrão muito alto em vez de muito baixo, e se estiver em dúvida, não assista. Você nunca se arrependerá por não ter assistido a um filme ou a um programa de televisão que poderia ser censurável, mas poderá muito bem lamentar ter investido seu dinheiro para assistir a um filme que não era puro nem edificante.

9. LEVE A SÉRIO QUALQUER PROBLEMA SEXUAL ENTRE VOCÊ E O SEU CÔNJUGE. Muitas pessoas têm casamentos terríveis e uma péssima vida sexual, colocando-se assim em risco. Monitore as suas emoções a fim de detectar sinais de frustração, estresse, depressão e euforia por algum sucesso. Muitos pastores sofrem da "síndrome de Elias" e caem em pecado depois de seus maiores sucessos, por mais inacreditável que possa parecer. A questão é que nesses momentos a guarda deles está baixa, e assim eles são mais suscetíveis aos ataques de Satanás.

Os problemas sexuais em um casamento não são culpa nem do marido nem da esposa. É um problema conjunto que necessitará de um compromisso conjunto para ser resolvido. Se você tem problemas nesta área extremamente íntima de sua vida, varrer tudo para baixo do tapete e fingir que isso não importa não resolverá nada. Traga o problema à luz, converse sobre ele com o seu cônjuge, e se vocês chegarem a um impasse, procure ajuda profissional.

10. LIMITE O TEMPO DIANTE DA TELEVISÃO À NOITE.
Os comerciais e programas mais explícitos vão ao ar depois das onze da noite, e a programação fica cada vez mais provocativa à medida que a noite avança. Se você é tentado nesta área, vá para a cama quando o seu cônjuge for se deitar. Se você tem adolescentes em casa que gostam de ficar acordados até tarde com os amigos, você terá de estabelecer padrões pré-determinados quanto ao que eles podem fazer e assistir depois que você vai para a cama. Não deixe que eles se virem sozinhos.

Recentemente li a respeito de três soldados americanos mortos no Iraque quando estavam entregando brinquedos para as crianças. Em meio a um maravilhoso cenário de bondade, um terrorista suicida penetrou e detonou a sua bomba, matando também inúmeras crianças. Que imagem do ataque de Satanás! Ele não é justo, e ele vem quando menos esperamos. *Estamos em uma guerra*, e nossas vidas, nossas famílias e nosso futuro estão em risco a cada segundo de cada dia.

As diretrizes discutidas neste capítulo lhe servirão bem se você aprendê-las e fizer delas um hábito. Você nunca deve baixar a sua guarda e abrir concessões, principalmente quando estiver viajando. Ouvi falar de um homem que levava a fotografia de sua família com ele nas viagens e a colocava sobre o aparelho de televisão no quarto de hotel. Aqueles belos rostos o faziam lembrar-se do que realmente era precioso em sua vida. Filho de Deus, você vai conseguir! Coloque algumas "telas na janela" e renove a sua mente na Palavra de Deus. Deixe que a integridade guie as suas decisões, e permita que a pureza proteja a sua reputação, preparando assim o caminho para outro pilar poderoso de influência: o exemplo.

CAPÍTULO 10

MANDAMENTO 5: EXEMPLO

Ninguém despreze a tua mocidade, pelo contrário, torna-te padrão dos fiéis, na palavra, no procedimento, no amor, na fé, na pureza.

— I TIMÓTEO 4:12

A palavra *exemplo* significa que alguém deve ser "imitado". A palavra grega significa "imitar", portar-se de tal maneira que outra pessoa possa copiá-lo com exatidão. Paulo dizia constantemente a seus discípulos: "sejais meus imitadores" (1 Co 4:16; 11:1). Ser o modelo de um estilo de vida exemplar é a essência do discipulado.

Nada que é falho é produzido em massa. Quando você se esforça para se tornar um exemplo, você está se preparando para a multiplicação. Embora somente Cristo seja perfeito, você deve poder dizer: "Sigam-me, assim como eu sigo a Cristo". O seu exemplo diante da sua família, dos seus negócios e da sua comunidade faz de você um líder. Você tem uma esfera de influência, independente do que faz para viver ou de que título tem ou não, e nessa esfera as pessoas estão observando para ver se as suas atitudes condizem com as suas palavras. O seu exemplo é importante.

Fico impressionado ao ver atletas profissionais procurando se eximir de serem modelos exemplares. Eles querem ter a influência que suas posições lhes conferem, mas não querem a pressão de ser um exemplo. O exemplo, porém, tem mais a ver com influência do que com questões relacionadas ao pecado.

Lembro-me de um técnico que tive no ensino fundamental. Ele fumava enquanto nos treinava (isto foi há muito tempo!), e o cigarro balançava para cima e para baixo em sua boca quando ele falava. Anos depois, sempre que eu contava a alguém o que ele havia me ensinado, meus lábios franziam quando eu tentava falar do mesmo modo que ele falava para segurar o cigarro na boca. O exemplo dele foi o que ficou impresso em minha memória.

Certa vez, ouvi um pregador britânico que costumava alisar o cabelo enquanto pregava. Seu estilo inimitável de pregação era um modelo para os alunos de um "certo Seminário". Durante anos após a formatura, todos os alunos homens daquele Seminário tentariam alisar o cabelo quando estavam falando sobre um determinado ponto poderoso – até mesmo alguns que eram calvos! Do mesmo modo, muitos jovens pregadores tentaram imitar Billy Graham em cada detalhe. Um jovem pastor da região Oeste do Texas que tinha quarenta membros costumava olhar através do punhado de fazendeiros que frequentavam sua igreja de estrutura de madeira todos os domingos e dizer, enquanto fazia o convite ao altar: "Com certeza, em algum lugar nesta grande multidão, deve haver alguém...".

John Donne disse: "Nenhum homem é uma ilha",[1] e isto é particularmente verdade no corpo de Cristo e no mundo com o qual interagimos. O que fazemos afeta os outros – quer seja para o bem ou para o mal – e o que eles fazem nos afeta –

seja para o bem ou para o mal. Se realmente entendermos isto e começarmos a colocar o foco totalmente no exemplo que damos nas pequenas áreas da vida, o resultado no final de nossas vidas será um enorme número de pessoas imitando essas boas qualidades. Então, aqui vamos nós com alguns dos exemplos que devemos nos esforçar para dar.

UM EXEMPLO NO NOSSO TRABALHO

Ordem é uma palavra chave. Deus é um Deus de ordem, e não é o autor da confusão (1 Co 14:33, 40). Os filhos de Israel eram uma tripulação diversificada, confusa e desorganizada quando deixaram o Egito, mas quando partiram do Sinai, eles partiram com doze tribos que marchavam em ordem.

A ordem precede a multiplicação. Deus não começou a multiplicar as plantas e os animais na terra sem antes primeiro organizar o ambiente com a luz, o ar e a água adequados. Antes de alimentar os cinco mil homens, Jesus fez com que eles se sentassem em grupos de cinquenta. Primeiro, Ele trouxe ordem àquele caos, e depois multiplicou os pães e os peixes.

Se você estacionar junto a uma bomba de gasolina ou um caixa eletrônico e vir um aviso pendurado, esse aviso provavelmente diz "Com Defeito". Isto significa que você não vai conseguir uma gota de gasolina naquela bomba, nem dinheiro no caixa eletrônico. O estilo de vida de muitas pessoas está com defeito, ou em desordem. Assim, eles não têm nada para dar e nenhuma maneira de multiplicar a sua eficácia para o reino de Deus.

A *pontualidade* é um sinal de ordem. Quando você está constantemente atrasado, isto fala sobre a desorganização na sua vida e no seu tempo. Algumas pessoas se atrasam porque o armário delas está tão desorganizado que elas não conseguem achar o que precisam com facilidade. Elas precisam abrir caminho freneticamente entre os cabides abarrotados para procurar aquela peça de roupa que desejam. Para outros, há a tendência de dormir demais ou de procrastinar ao se aprontar para um evento. Outros ainda se comprometem com responsabilidades demais e sempre estão atrasados, tentando fazer tudo.

Quando você se atrasa, isso transmite falta de respeito pela pessoa com quem você está se encontrando. O Dr. Cho certa vez me disse que se uma pessoa é alguém com quem vale a pena se encontrar, aquela pessoa merece que eu chegue quinze minutos mais cedo. Foi exatamente isto que fiz durante os seis anos que me encontrei com o governador da Louisiana e sua equipe.

Todas as semanas, eu saía de casa uma hora antes, embora morasse somente a quinze minutos de carro do palácio do Governo. Eu não queria arriscar ficar preso no trânsito na interestadual, porque simplesmente não se deixa um governador esperando! Quando chegava ao palácio, eu me sentava no estacionamento e aguardava até quinze minutos antes da hora marcada para o encontro. Então eu entrava na sala de reuniões e aguardava. Muitas vezes o governador chegava cedo, e tínhamos dez minutos a sós antes que os outros chegassem. Que privilégio, mas isso nunca teria acontecido se eu me atrasasse.

Ser uma pessoa ocupada nunca pode ser uma desculpa para se atrasar. Na verdade, quanto mais ocupado você é, mais essencial se torna que você administre o seu tempo. Todos nós temos a mesma quantidade de tempo em um dia; o que acontece é que alguns de nós aprendemos a administrá-lo melhor do que outros, e, consequentemente, passamos pelos nossos dias em paz e em ordem. A ideia da "corrida de ratos" que todos somos obrigados a correr é uma mentira.

Jesus nunca parecia estar apressado ou atrasado. Ele Se levantava cedo e vivia em um ritmo sagrado. Ao longo de meus anos de pastorado, procurei dar um exemplo de pontualidade em nossos cultos. Observei que pastores que têm estilos de vida marcados pelos atrasos também passam isto para seus cultos. Essa atitude penaliza os que chegam cedo e obriga a todos a esperarem os que chegam tarde.

Muitas igrejas remediaram este problema fazendo com que a pessoa responsável pelo som projete um relógio em contagem regressiva na tela de vídeo, mostrando assim quando o culto está para começar. A nossa liderança na Bethany Church sabe que quando o ponteiro dos segundos do relógio passa por cima do ponteiro dos minutos, estamos *"no ar"*.

Estendo esta pontualidade a todos os aspectos do ministério da igreja. Peço à minha equipe que não me encha de compromissos para que eu não tenha de me atrasar correndo entre um compromisso e outro. Peço aos nossos músicos e à nossa equipe técnica para estarem presentes com tempo suficiente para terminarem os preparativos para o culto antes que o povo chegue. E ao meu redor, tento criar uma cultura de descanso, preparo e pontualidade. Todos nós teremos os nossos desafios de tempos em tempos, mas podemos fazer o máximo para que eles sejam a exceção e não a regra.

Ter uma *ética de trabalho* forte é outro sinal de ordem. A disciplina nesta área é crucial para o seu exemplo. "A mão diligente dominará" (Pv 12:24), e é certo que uma abordagem preguiçosa e desleixada não o fará. A diligência é recompensada, quer seja em casa, no local de trabalho, ou na igreja; a preguiça colhe a sua própria recompensa.

Muitas vezes penso em meus irmãos e irmãs da igreja que estão trabalhando em dois empregos, trabalhando em turnos, esforçando-se na construção pesada, mantendo seus lares, e consertando seus carros. Esses homens e mulheres trabalhadores levantam cedo, trabalham ou estudam até altas horas da noite, e caem exaustos na cama todas as noites. Eles são um exemplo para mim, assim como para seus vizinhos e filhos.

Precisamos, é claro, olhar para o exemplo de Jesus enquanto Ele trabalhava. Ele sempre Se levantava cedo: "Alta madrugada, enquanto ainda estava escuro, Jesus se levantou, e foi para um lugar deserto, e ali orava" (Mc 1:35). A Sua disciplina e a Sua ética de trabalho foram lendárias. Os discípulos não conseguiam acompanhá-lo: "Estavam de caminho, subindo para Jerusalém, e Jesus ia adiante dos Seus discípulos. Estes se admiravam, e O seguiam tomados de apreensões" (Mc 10:32). Jesus nunca parecia esgotado com o Seu trabalho, e Ele nunca parava.

Agradeço a Deus pelo exemplo que meu pai me deixou de uma forte ética de trabalho. Desde as minhas memórias mais antigas, lembro-me dele envolvido com todas as áreas da igreja, desde a construção às conferências. Antes de unir-se à equipe, um de nossos primeiros pastores de jovens chegou em Baton Rouge e estacionou na nossa propriedade, procurando os escritórios da igreja. Ele viu um homem em uma escada que estava pintando o prédio, e perguntou: "Com licença, senhor, poderia me dizer onde está o pastor?" Meu pai então convidou o jovem para juntar-se a ele na pintura enquanto os dois conversavam.

Meu pai iniciou a Bethany Church sem nenhum membro, então ele precisou ter um emprego externo pela primeira vez em seu ministério. Ele trabalhou por cinco meses como ajudante de encanador, saindo de casa todas as manhãs às cinco horas e pegando um carro na frente de casa com um grupo de operários de obra. Ele levava suas roupas de vestir com ele para o trabalho e mudava de roupa sob a ponte do Rio Mississipi durante a hora de almoço para poder visitar pessoas no hospital. Durante vários anos, minha mãe vendia enciclopédias enquanto a congregação recente se reunia em nossa sala de visitas, antes de se mudar para o primeiro pequeno prédio. A Bethany Church nasceu com *trabalho*, e não havia espaço ou tempo para parasitas.

Paulo tinha uma forte ética de trabalho e deu um bom exemplo: "trabalhei muito mais do que todos eles; todavia, não eu, mas a graça de Deus comigo" (1 Co 15:10). Ele ordenou àqueles que seguiam o seu exemplo: "Saudai Maria, que muito trabalhou para vós... Saudai Trifena e Trifosa, as quais trabalhavam no Senhor. Saudai a estimada Pérside, que também muito trabalhou no Senhor" (Rm 16:6, 12). De qualquer forma, isto não se enquadra em absoluto na mentalidade de "horário bancário", onde as pessoas só estão disponíveis no escritório de nove às três.

O nosso trabalho deve ser estruturado, eficiente e produtivo. Muitas vezes pergunto aos homens que estão pensando em iniciar seu próprio negócio: "Você tem a disciplina para ser o seu próprio patrão e exigir de si mesmo estar no trabalho às oito da manhã?" A maioria admite que não, e continua no emprego que possui em alguma fábrica ou em qualquer outra honrosa profissão que tenha escolhido. Para ter sucesso na sua profissão ou no chamado que lhe foi dado por Deus, você precisa ter iniciativa e ter o desejo necessário de realizar o que Deus pretende que você realize na terra.

Finalmente, o seu *modo de vestir* é sinal de ordem. Uma aparência despenteada e desgrenhada é sintoma de um estilo de vida confuso. Sei que um modo de vestir casual é totalmente apropriado no mundo de hoje, mas há uma diferença entre casual e catastrófico. Se você é homem e não se veste muito bem, deixe que sua esposa ou sua filha o ajudem. Deixe que elas lhe deem a sugestão de que calças você deve usar com que camisa e com qual sapato (ou gravata, se você costuma usar uma). Se você é mulher, não se torne escrava da última moda abrindo mão da modéstia. Peça a opinião de seu marido ou procure o conselho de uma mulher cristã mais madura, se estiver em dúvida se uma determinada peça de roupa é apropriada. Você não precisa se vestir segundo a moda de cinquenta anos atrás, mas

lembre-se sempre das palavras de Pedro: "Vocês devem ser conhecidas pela beleza que vem de dentro, a beleza incorruptível
de um espírito manso e tranquilo, que é muito precioso para
Deus" (1 Pe 3:4, NLT).

Quer gostemos ou não, a primeira impressão é a que
fica. Lembro-me de ter ido certa vez a uma loja de móveis com
minha esposa, e o vendedor que se aproximou de nós parecia
ter acabado de se levantar da cama. Sua camisa estava amarrota-
da, seus sapatos eram de uma cor irreconhecível, e parecia que
alguém havia lhe dado um tapa de um lado da cabeça e feito
com que todo o seu cabelo fosse parar do outro lado! Quando
ele virou as costas, fiz sinal para minha mulher de que precisá-
vamos sair dali. Este é o efeito das roupas e da aparência.

Costumo dar um almoço de negócios semanal para
líderes empresariais, e eu lhe garanto que todos eles estão vestidos de forma limpa e adequada. Eles sabem a importância disto no mundo dos negócios. Quando o presidente dos Estados
Unidos se aproxima de um microfone, ele está vestido de uma
determinada forma e se porta de maneira que o mundo livre
sente o poder da sua autoridade. Ele sabe qual é o seu papel e
o desempenha.

Se você fosse convidado para a Cada Branca ou para
o Palácio do Governo, não apenas esperaria que o Presidente
ou o Governador estivessem adequadamente vestidos, como tenho certeza de que você demonstraria o seu respeito por esses
cargos vestindo-se cuidadosamente e respeitosamente. Você não
acha que deveria muito mais respeitar a Deus pela forma como
você O representa na sua maneira de se vestir?

Quando o endemoniado de Gadara foi liberto, en-
contraram-no sentado, vestido adequadamente, e em perfeito
estado de lucidez. Sua aparência também deve ser um exemplo
da sua nova vida em Cristo. Quando teve um encontro com
Cristo, você se tornou embaixador Dele e deve fazer todo o

possível para impedir que a sua maneira de se vestir atrapalhe os perdidos e deprecie o Salvador.

UM EXEMPLO NA SUA COMUNIDADE

O mundo, que está constantemente nos observando, vê cada exemplo que você dá: a sua maneira imprudente de dirigir, a sua recusa em devolver o carrinho de compras ao local devido no estacionamento, a sua contrariedade com o caixa do banco, ou a sua impaciência com a garçonete no restaurante. Você pode desejar ser anônimo na comunidade, mas isto não é possível. Há sempre alguém lá fora que o reconhece como pastor ou alguém que vai "àquela igreja". Alguns, por ciúme ou ódio, até procuram um motivo para denegri-lo e para provar que "todos os cristãos são hipócritas". Você não deve ficar paranoico por estar sendo observado com lentes de aumento, mas veja isto como a sua oportunidade de ser um exemplo de como Jesus viveria no nosso mundo moderno.

O seu modo de *falar* é um ponto crucial para o seu exemplo. Uma palavra atravessada, uma palavra grosseira, ou uma palavra cruel jamais será esquecida pela pessoa com quem você falou. Quando você está cansado e não quer ser incomodado, é muito fácil desligar-se do seu modo de falar. Mas Paulo disse: "Nem conversação torpe, nem palavras vãs ou chocarrices, coisas essas inconvenientes" (Ef 5:4). Qual é o exemplo que damos quando fazemos uma brincadeira de mau gosto? Quantas vezes sentimentos são feridos por uma observação sarcástica? Como você se sentiria se a mesma palavra de censura que saiu dos seus lábios fosse dita a seu respeito?

Não existe lugar mais importante para a excelência no falar do que o púlpito. Paulo disse a Timóteo para ser um exemplo no falar (1 Tm 4:12), porque ele sabia como é fácil dizer alguma coisa ofensiva para uma congregação. Após anos de interação com uma congregação, aprendi que tomar certas direções no falar leva os pastores a ter problemas, e, por isso, deve ser evitado. Os pastores não devem ficar tão inseguros a ponto de sacrificarem o seu bom exemplo em troca do apoio que recebem através de uma gargalhada da congregação. Em vez disso, eles devem refletir cuidadosamente em como cada palavra que dizem ficaria caso fosse impressa na primeira página do jornal local. Será que ela passaria pelo escrutínio da comunidade? Se não, ela não precisa ser dita!

Embora a formação escolar não seja necessária para um ministro chamado por Deus, a ignorância também não é uma virtude. Todos nós podemos ser eternos alunos, aprendendo e aperfeiçoando a imagem de Cristo que projetamos. Uma área simples que podemos incorporar com facilidade ao nosso exemplo é o uso de uma boa gramática e de um bom vocabulário. Tenho feito programas para a televisão local por muitos anos e algumas vezes recebi um bilhete de alguém da comunidade lembrando-me que uma determinada palavra que usei não existe ou que a minha concordância verbal não estava correta! As pessoas estão nos observando. Mais uma vez, meu comentário não tem a finalidade de torná-lo paranoico, mas de lhe mostrar o poder da sua influência e exemplo sobre os outros.

Um exemplo igualmente importante que você deve manter é a sua *cortesia*. Os motoristas estão nos observando, os caixas estão nos observando, os policiais estão nos observando. A estrada é um palco onde você atua o tempo todo. Buzinar para uma pessoa que está parada no sinal vermelho na sua frente, passar de uma faixa para a outra de forma ansiosa, ou entrar na vaga que outra pessoa estava esperando para estacionar pode anular todas as suas palavras pomposas ao dizer: "Ah, como amo Jesus!".

Nada irrita mais a comunidade do que ouvir falar de um senador, um líder conhecido ou um ministro que foi surpreendido dirigindo com excesso de velocidade, causando um desastre descuidado, ou demonstrando impaciência com um de seus constituintes ou membros. A televisão transmite o incidente por vezes seguidas e tenta fazer dele a base para um "impeachment espiritual". Todos nós precisamos da graça de Deus para controlar o nosso temperamento e para permanecermos calmos e controlados no estilo de vida altamente estressante que levamos.

Quando você for tentado a liberar a sua raiva, a grande pergunta a fazer a si mesmo é: Vale a pena? Vale a pena ficar uma fera para ativar a política de devolução da loja de departamentos local? Vale a pena chegar dois minutos antes ao seu destino? Vale a pena fazer uma cena em um restaurante por um pouco de mostarda e catchup?

A sabedoria e o exemplo de Paulo eram: "Por que não sofreis, antes, a injustiça? Por que não sofreis, antes, o dano?" (1 Co 6:7). Caminhe a segunda milha no seu bairro e na sua comunidade. Obedeça às regras das estradas, dos supermercados e dos bancos. Controle o seu temperamento diante do juiz de futebol da escola em vez de dar um mau exemplo diante de um estádio cheio de pessoas. Reflita com base no exemplo que você dará para os outros, e não com base nas suas "razões".

UM EXEMPLO NA SUA FAMÍLIA

Não há área de influência maior do que o exemplo que você pode dar diante da sua *família*. Paulo falou muitas vezes sobre a família exemplar: "E que governe bem a própria casa, criando os filhos sob disciplina, com todo o respeito (pois, se alguém não sabe governar a própria casa, como cuidará da igreja de Deus?)" (1 Tm 3:4-5).

A sua família é parte crucial do seu exemplo como cristão. O modo como você trata seu cônjuge e como você trata e treina seus filhos será copiado por eles e observado e julgado pelos outros. Quando seus filhos se metem em encrencas, o mundo de alguma forma considera você responsável, mesmo que eles sejam adultos e já tenham saído de casa (Eu costumava ouvir falar sobre a fase dos "terríveis dois anos de idade", mas desde então descobri que ela não se compara à fase dos "terríveis vinte anos de idade"!).

Leve o exemplo de sua família muito a sério. Onde estão seus filhos, e o que eles estão fazendo? Eles estão correndo no estacionamento ou bagunçando o auditório enquanto você visita os crentes depois do culto? Eles são grosseiros com seus professores? Eles têm constantes problemas com disciplina na escola?

Com seis filhos, Melanie e eu estivemos do outro lado da linha, recebendo os relatórios regulares de professores, policiais, vizinhos, pais e parentes sobre o estado de nossos filhos. Lidamos com falhas graves e, vez por outra, com a rebeldia em nossos filhos. No entanto, apesar de tudo, todos eles agora estão servindo ao Senhor de todo o coração. A sua família não será perfeita – e nem se espera que ela seja – mas por se intitular cristão, você tem um padrão a manter diante de um mundo que o observa.

Os pastores enfrentam uma responsabilidade ainda maior em suas famílias porque, quer seja justo ou injusto, as pessoas olham para eles para saber como deve ser uma família cristã. Por ter sido criado em uma casa de pastor, eu também conheço a lente de aumento debaixo da qual vive a família de um pastor. Quando criança e jovem, contribuí com a minha parcela de ideias malucas e esquemas duvidosos nascidos de momentos de tédio e rebelião. Mas superei tudo isso, e o mesmo aconteceu com os filhos de outros pastores.

Ter uma família exemplar, tanto para pastores quanto para leigos, significa demonstrar as ações e reações adequadas. Mais uma vez, ninguém exige perfeição, mas ela é esperada, por isso, siga as instruções da Palavra de Deus quando seu filho precisar ser punido. Quando os vizinhos e professores veem que você disciplina corretamente em amor, eles o respeitam por vivenciar a sua fé de uma forma palpável e que se alinha com as palavras que você diz.

Muitos cristãos não conseguem entender que o exemplo deles tem sido destruído por causa da falta de disciplina em seus lares. Já perdi a conta de todas as vezes que nossos filhos eram pequenos e as pessoas vinham até nós do lado de fora de um restaurante e diziam: "Nunca vimos uma família tão bem comportada como a sua durante a refeição. Como vocês fazem isto?" Vendo a total frustração que a maioria dos pais hoje em dia sentem quando tentam controlar seus filhos pequenos à mesa, entendo porque tantos ficam impressionados quando veem crianças educadas e com boas maneiras. Isto é ordem, e se torna um grande exemplo para o mundo que nos observa.

A forma como você trata seu cônjuge, naturalmente, será copiada por seus filhos. A lembrança de um pai que respeitava sua esposa servindo-a, abrindo a porta para ela, dirigindo-se a ela com gentileza, e fazendo das prioridades dela a sua prioridade, ficará para sempre gravada na mente de seus filhos. À medida que meus filhos vão se casando, fico empolgado ao ver como eles têm tratado suas esposas de acordo com o mesmo exemplo. Os sessenta e dois anos de casamento de meus pais foram um exemplo incrível para mim de como envelhecer junto com minha esposa.

"Irmãos, sigam unidos o meu *exemplo* e observem os que vivem de acordo com o padrão que lhes apresentamos" (Fp

3:17, NVI, ênfase do autor). Trabalhe no seu exemplo, e Deus trará multiplicação à sua vida. Coloque sua vida, suas emoções, suas finanças e sua família em ordem, e veja Deus ampliar a sua esfera de influência. Quando você fizer isso, Deus o colocará ao lado de outras pessoas que tenham a mesma mentalidade, e você passará para outro pilar crucial na vida de um cristão: os relacionamentos.

CAPÍTULO 11

MANDAMENTO 6: RELACIONAMENTOS

*Saudai Priscila e Áquila, meus cooperadores em Cristo
Jesus, os quais pela minha vida arriscaram a sua própria
cabeça.*

— ROMANOS, 16:3-4

O sexto grande mandamento do ministério diz respeito à importância dos relacionamentos. Os dias do "caubói solitário" do Cristianismo estão desaparecendo. Paulo fazia tudo com uma equipe, e para ter êxito, você também precisará ser capaz de construir e manter relacionamentos de longo prazo. No imenso mundo de hoje, o poder das redes de comunicação, da mentalidade de reino e da prestação de contas multiplicarão a sua capacidade de exercer impacto sobre as vidas.

Todo mundo já ouviu falar da ilustração sobre o aumento de produtividade de um grupo de gansos voando em formação. Quando olho para a natureza e vejo as muitas imagens de rebanhos, cardumes, manadas, enxames, colônias e bandos, fica óbvio que caminhar juntos faz sentido. Na verdade, o próprio livro de Provérbios descreve o poder da parceria: "Os gafanhotos não têm rei; contudo, marcham todos em bandos" (Pv 30:27).

Até o Monte Sinai, Israel era um grupo que não passava de uma ralé constituída de escravos. Ali, eles se tornaram um grupo poderoso e interdependente de doze tribos que marchavam em ordem e que lutavam em formação. Eles passaram da mentalidade de *expectadores* à mentalidade de *exército*.

Ezequiel viu um vale de ossos secos e desligados uns dos outros (Ez 37:1). Ele andou para cima e para baixo próximo a eles, sem ter certeza de que um dia eles poderiam estar ligados. Mas profetizou sobre eles e viu os ossos se juntarem e formarem músculos e tendões. Então o Senhor enviou o sopro do Espírito sobre eles, e "eles viveram, e se puseram em pé, um exército sobremodo numeroso" (v. 10). Certa vez, alguém me disse: "Deus não sopra sobre nada que não está ligado". Deus está usando pequenos grupos, redes de homens e mulheres, grupos de comunhão entre pastores, denominações e redes interdenominacionais para unir relacionamentos no *poder da unidade*.

O PODER DA UNIDADE

Todos os relacionamentos se originam do relacionamento de Deus consigo mesmo na Trindade: "*Façamos* o homem à *Nossa* imagem, conforme à *Nossa* semelhança" (Gn 1:26, ênfase do autor). A Trindade é um grande mistério, mas pode simplesmente ser definida como três pessoas em uma só essência. O Pai, o Filho e o Espírito Santo formam um relacionamento perfeito chamado de "um". Deuteronômio 6:4 expressa isto claramente: "Ouve, Israel, o Senhor, nosso Deus, é o único Senhor!"

Este relacionamento perfeito entre as três pessoas da Trindade é o centro do céu. Quando Satanás se levantou com

orgulho e desenvolveu suas próprias prioridades, pela primeira
vez na eternidade houve "dois". Ele foi imediatamente retirado
do céu, porque ao redor de Deus somente o princípio da unidade pode operar.

Quando Deus fez Adão e Eva, Ele os coroou com o
poder da unidade dos céus: "Por isso, deixa o homem pai e mãe
e se une à sua mulher, tornando-se os dois *uma* só carne" (Gn
2:24, ênfase do autor). Satanás estava temeroso e furioso pelo
fato de um relacionamento terreno ter sido formado com as
mesmas qualidades e características do próprio Deus. Portanto,
ele se dedicou a destruir esse relacionamento e teve êxito em
colocar Adão e Eva um contra o outro, e mais tarde fazer com
que um de seus filhos matasse o outro. A prioridade de Satanás
ao longo das eras sempre foi tentar gerar confusão e divisão em
relacionamentos poderosos.

Este poder da unidade é demonstrado ao longo de toda
a Bíblia. O templo de Salomão foi dedicado quando "até cento
e vinte sacerdotes, que tocavam as trombetas, em *uníssono*, a um
tempo, tocaram as trombetas e cantaram para se fazerem ouvir,
para louvarem o Senhor e render-lhe graças; e quando levantaram eles a voz com trombetas, címbalos e outros instrumentos
músicos para louvarem o Senhor, porque Ele é bom, porque a
Sua misericórdia dura para sempre; então sucedeu que a casa, a
saber, a Casa do Senhor, se encheu de uma nuvem, de maneira
que os sacerdotes não podiam estar ali para ministrar, por causa
da nuvem, porque a glória do Senhor encheu a Casa de Deus"
(2 Cr 5:13-14, ênfase do autor). Além do mais, Davi disse: "Oh!
Como é bom e agradável viverem unidos os irmãos" (Sl 133:1).

No Novo Testamento, os doze discípulos de Jesus for-
mavam o centro do Seu reino. O objetivo que Ele tinha em
mente para o relacionamento deles entre si era o mesmo que
Ele tinha com o Pai e o Espírito Santo: "a fim de que todos
sejam *um*; e como és Tu, ó Pai, em Mim, e Eu em ti, também

sejam eles em Nós; para que o mundo creia que Tu Me envias-
te" (Jo 17:21, ênfase do autor). O objetivo dos Doze era se tornarem um. No Dia de
Pentecostes, eles estavam "todos de comum acordo no mesmo
lugar" (At 2:1, NKJV), e o mesmo poder de Deus que caiu sobre o templo caiu sobre a igreja. Paulo exortava constantemente a igreja a "pensar a mesma coisa, a ter o mesmo amor, a serem
unidos de alma, tendo o mesmo sentimento" (Fp 2:2, NLKV).
Este é o poder da unidade!

A MENTALIDADE DE REINO

Meu pai muitas vezes disse: "Não estamos construindo a nossa
igreja ou denominação, estamos edificando o reino". Este tipo
de mentalidade de reino é o primeiro pilar dos relacionamentos
saudáveis entre os crentes e as igrejas às quais eles pertencem.
Isto é perfeitamente ilustrado na reconstrução do muro de Jerusalém por Neemias. Ele deu a famílias e construtores diferentes a tarefa de reconstruírem diferentes partes da muralha, mas
todos eles estavam construindo a mesma muralha. Uma falha
ou brecha em qualquer parte deixaria todos eles vulneráveis.

O mesmo acontece com o reino de Deus hoje. Cada
um de nós pode estar fazendo coisas diferentes, mas todos nós
estamos trabalhando no mesmo muro. O orgulho e os egos en-
volvidos na "minha parte" devem se tornar secundários diante
do sucesso do projeto geral de fazer avançar o reino do nosso Pai.

Conta-se a história de três homens que estavam colocando tijolos um ao lado do outro. Perguntaram a cada um:
"O que você está fazendo aí?" O primeiro respondeu: "Estou
colocando tijolos". O segundo respondeu com um pouco mais
de perspectiva, e disse: "Estou construindo um muro". O terceiro respondeu com mais discernimento e declarou: "Estou

construindo a maior catedral da história". Isto é perspectiva de reino. Você pode fazer o seu trabalho minúsculo, na sua igreja minúscula, com o seu pequeno grupo de pessoas, ou você pode expandir os seus horizontes e desenvolver com outros cristãos relacionamentos de qualidade que complementam o seu.

Jesus é o Rei do reino. Como seu grande Sumo Sacerdote, Ele está construindo o grande templo de Deus. Em cada tribo, língua, povo e nação, Ele está usando crentes comprometidos e líderes para construir. Enquanto compartilhamos o núcleo fundamental da doutrina bíblica, devemos ser capazes de trabalhar lado a lado como colegas de trabalho.

A igreja primitiva não tinha várias facções, com egos e logotipos que guerreavam entre si. Eles edificaram juntos e morreram juntos. Eles viveram no espírito das palavras de Benjamin Franklin: "Devemos, realmente, nos unir, ou, com certeza, morreremos separados".[1]

Como mencionei em um capítulo anterior, costumo me reunir mensalmente com cerca de quinze pastores de nossa cidade que têm o mesmo pensamento e uma mentalidade de reino. Pregamos nas igrejas uns dos outros, enviamos ofertas para financiar projetos, nos unimos para confrontar problemas de ordem moral e juntos elaboramos estratégias para alcançar cidades perdidas. Isto é possível porque aqueles que têm mentalidade de reino não são inseguros.

Certa vez um pastor me disse que ele não ousava promover outro pastor, por medo de que a igreja dele não conseguisse se sustentar. Eu disse a ele que se a igreja dele não conseguisse permanecer, ele tinha de deixá-la cair. É isto que a Palavra diz: "Se o Senhor não edificar a casa, em vão trabalham os que a edificam" (Sl 127:1).

Os cristãos não estão competindo uns com os outros, nem as igrejas. O sucesso de um é o sucesso dos outros, e o fracasso de um enfraquece todos os demais. Somos verdadeiramente um corpo – o corpo de Cristo – e não podemos nos isolar uns dos outros. Quando levantamos trincheiras para proteger o nosso próprio território, ninguém vence, o que é um embaraço à causa de Cristo.

A necessidade de uma mentalidade de reino foi claramente sentida em nossa cidade durante a tragédia do furacão Katrina, o pior desastre natural da história norte-americana. Dezenas de milhares de moradores de Nova Orleans ficaram ilhados em nosso prédio no sul da Rodovia Interestadual 10 quando fugiam da ira desta tempestade monstruosa. Temos três cruzes de quinze andares em nossa propriedade que podem ser vistas da interestadual, e centenas de pessoas que estavam sendo evacuadas saíram da estrada e estacionaram em nosso prédio do Center of Hope, que fica ao lado dessas cruzes.

Recebemos novecentas pessoas naquela noite e no dia seguinte as transportamos para o nosso prédio do norte, onde tínhamos três auditórios e ginásios que podíamos usar como abrigo. Montamos uma clínica, chuveiros, escola, sala de correios, lavanderia e cafeteria. Separamos alguns setores do prédio com o intuito de garantir um pouco de privacidade. Havia uma série de detalhes a serem tratados.

As necessidades eram tão grandes – e francamente, avassaladoras – mas o corpo de Cristo se levantou para enfrentar o desafio. Pastores, equipes de igrejas, líderes de pequenos grupos e membros, adolescentes, crianças e pessoas que nunca haviam feito nada antes, todos se uniram diante de tamanha tragédia. Alguns passaram longas horas cozinhando, outros brincavam com as crianças desalojadas, alguns oravam com os que estavam com o coração partido, outros ficaram isolados em escritórios administrando ou organizando os esforços de ajuda, e outros enchiam nossos estoques com comida, xampu, sabonete, e a lista interminável de produtos necessários. O corpo de

crentes se desdobrou em benefício das vítimas da tempestade e
se uniu de uma forma sem precedentes. Éramos um, porque a
nossa missão era uma só.

Depois de estabelecer a estrutura necessária para cuidar daquelas pessoas que haviam sido evacuadas das áreas alaga-
das, convoquei uma "reunião da cidade" com aqueles moradores desligados uns dos outros, e disse a eles que eu estava agindo
como prefeito deles. Eu disse a eles que agiríamos debaixo da
lei do amor e que não toleraríamos brigas ou discórdia. Naquela segunda noite depois da tempestade, mais de setecentos
e cinquenta evacuados foram à frente e entregaram o coração a
Cristo. Nunca tivemos um único problema com aquelas pessoas
preciosas durante os muitos meses em que as abrigamos.

Naquela primeira semana do desastre, o Presidente
Bush e a Primeira Dama Laura Bush visitaram a nossa igreja
por mais de duas horas, e uma multidão de outras celebridades
e líderes espirituais se seguiu. A beleza que coroou aquela primeira semana, porém, foi uma reunião improvisada de todos
os pastores da área, à qual compareceram duzentos pastores. A
maioria deles, como nós, estava cuidando de pessoas evacuadas
em suas igrejas.

O mundo inteiro estava assistindo àquele momento
da história. Durante mais de quatro horas, observei enquanto
pastores se arrependiam confessando uns aos outros as divisões
tolas e insignificantes que haviam tolerado entre eles. Os líderes
da igreja emergiram daquela reunião como uma unidade. Um
esforço coordenado se materializou, e o resultado foi a organização do *Conselho de Pastores para Levantamento de Recursos*.

Nos meses que se seguiram, mais de setecentos e cinquenta caminhões de produtos chegaram de todas as partes do
mundo, e foram distribuídos a milhares de pessoas evacuadas
em muitas igrejas por toda a cidade, por causa da mentalidade
de reino. A igreja unida tornou-se a força motriz da compaixão,

e isto continuou até que a última pessoa evacuada deixou nossa igreja, nove meses depois.

Creia-me, quando está lidando com uma crise nacional, você desenvolve a mentalidade de reino. Você percebe que não pode atender a todas as necessidades e simplesmente repete o que todos os demais estão fazendo, a não ser que os homens trabalhem juntos. O sofrimento humano exige uma mentalidade diferente.

Os soldados americanos no Afeganistão e no Iraque podem não estar totalmente à vontade com todas as outras nações que estão combatendo ao lado deles, mas eles se alegram enquanto estão atirando na mesma direção! Assim deve acontecer na igreja.

PRESTAÇÃO DE CONTAS

A segunda principal mentalidade necessária aos relacionamentos é a prestação de contas. Davi e Jônatas formaram uma aliança de proteção e prestação de contas recíproca. Eles trocavam túnicas, armaduras e armas. Por amor, eles se submetiam voluntariamente um ao outro.

Tenho este mesmo tipo de relacionamento com três homens que estão em posição de autoridade sobre mim no Senhor. Eu dei a eles voluntariamente o direito de me afastarem do meu cargo ou de me disciplinarem se eu falhar nas áreas de doutrina, moral ou finanças. Eles me amam no sentido mais verdadeiro e não têm qualquer ambição de assumirem o meu ministério. Eles são meus supervisores, assim como meus colegas. Todos eles estão no pastorado há mais de vinte anos e têm pastoreado ativamente igrejas de sucesso, que estão crescendo. A supervisão deles traz uma grande segurança à nossa congregação no caso de eu eventualmente vir a fracassar ou morrer.

Todos precisam prestar contas de uma forma *real*. A verdadeira prestação de contas acontece quando você confia em alguém para corrigi-lo e disci300ná-lo, mesmo que você não entenda ou concorde com isso. A prestação de contas opera sobre o princípio do "ponto cego": algo que você é incapaz de ver, mas que apesar de tudo é real e destrutivo. Todos nós precisamos disso, tanto em nossa vida individual quanto no nosso chamado ministerial.

Gosto quando recebo um aviso de "Perigo", e não me ofendo com isso. Esse aviso me protege. Um passarinho que está saltitando e se alimentando em uma trilha de migalhas de pão, não percebe que a trilha vai dar exatamente dentro de uma caixa que contém uma mola que ativa uma armadilha. Se alguém que estivesse observando gritasse: "Pare!" antes que fosse tarde demais, o passarinho poderia fugir de sua condenação iminente.

Pude observar amigos queridos seguirem as "migalhas de pão" e caírem dentro das armadilhas do erro doutrinário, do adultério e da improbidade financeira. O sentimento de poder vindo do Espírito Santo dá a eles uma sensação de invencibilidade. Curiosamente, eles estudam os fracassos de outros, mas não desenvolvem nenhum sistema para corrigir os seus próprios erros antes que eles se transformem em "quedas".

Deve haver um mecanismo seguro inerente a todo sistema de prestação de contas que, quando disparado, tenha o poder de afastar um ministro, corrigir um líder ou confrontar um crente até que todas as acusações ou indiscrições sejam resolvidas. O mesmo grupo que oferece prestação de contas deve também oferecer restauração e redirecionamento, se necessário. A prestação de contas precisa incluir sanções; do contrário, ela não passa de uma falsa disciplina. Nada mudará, e será permitido que aquele que está cometendo o mal continue prosseguindo alegremente, em detrimento de sua própria alma.

Paulo disse: "... enfrentei [Pedro] face a face, por sua atitude condenável" (Gl 2:11, NVI). Quem, na sua vida, tem o poder para lhe pedir prestação de contas e para desafiá-lo quanto a possíveis áreas antibíblicas em sua vida e ministério? Quem está velando sobre a sua alma "como quem deve prestar contas" (Hb 13:17)? A maioria das denominações possui estruturas de prestação de contas, mas para milhares de igrejas em todo o mundo, não existe qualquer estrutura para a correção ou disciplina da igreja. A verdadeira e legítima prestação de contas, porém, revigorará a igreja e restaurará os nossos anos de credibilidade perdida aos olhos do mundo.

Quando digo *prestação de contas*, estou falando de relacionamento: aconselhamento gentil, suave, cuidadoso, sábio e prudente. Paulo disse que somente aqueles que são espirituais devem tratar com os que forem surpreendidos em algum erro (Gl 6:1). Entretanto, também creio que a prestação de contas deve ser real para que a pessoa que está sendo corrigida não possa simplesmente isolar aquele que confrontou o seu caráter.

"Como o ferro com o ferro se afia, assim, o homem, ao seu amigo" (Pv 27:17), e no lugar de onde venho, isso quer dizer que as faíscas voam! O mundo tem contemplado enquanto ministros que foram vítimas de escândalos são "restaurados" depois de algumas poucas semanas de afastamento. Eles sabem que isso não satisfaz nenhum padrão verdadeiro de prestação de contas. Esta, na verdade, é a atitude mais misericordiosa que se pode tomar: dar a um ministro que caiu um longo período para que ele possa se reabilitar no seu casamento, em suas finanças, em seu treinamento e em sua reputação. Como acontece em qualquer processo de reabilitação, permitir que alguém que tem um problema que controla a sua vida volte ao mesmo ambiente prematuramente só perpetua o problema.

Os limites conferem poder. Um atleta que corre com a bola pelo campo se sente seguro dentro dos limites. Um cidadão que anda no limite de velocidade com os documentos de seu carro em dia não tem nada a temer dos policiais. Quando falamos sobre pureza, vimos a importância dos limites da prestação de contas no casamento.

Na área doutrinária, respeito meus limites e sempre levo qualquer revelação ou evidência aos que estão em posição de autoridade sobre mim, para testar a validade da mesma em longo prazo, antes de expô-la a uma congregação que confia em mim. O mesmo é verdade com relação a qualquer líder de pequeno grupo ou pessoa envolvida em algum tipo de ministério na igreja. Não importa o quanto a "revelação" recebida em oração seja poderosa, ela deve ser submetida à autoridade devida.

Na área das finanças, sigo as regras contábeis para organizações sem fins lucrativos e não ignoro meu departamento de contabilidade se ele indicar que algo que estou fazendo está em uma área perigosa do ponto de vista legal. Eles estão ali para me proteger e me capacitar.

Davi disse: "Fira-me o justo, será isso mercê; repreenda-me, será como óleo sobre a minha cabeça, a qual não há de rejeitá-lo" (Sl 141:5). É evidente que a prestação de contas traz maior unção (óleo) sobre a sua cabeça!

A REDE DE COMUNICAÇÃO: O PODER DE UMA EQUIPE

A última vantagem importante dos relacionamentos é que eles multiplicam os seus esforços através da rede de comunicação e da administração em equipe. Sabemos que "melhor é serem dois do que um, porque têm melhor paga do seu trabalho... o cordão de três dobras não se parte com facilidade" (Ec 4:9, 12, NKJV). Jesus utilizou o poder de uma equipe, como descrito no lendário livro *The Master Plan of Evangelism* (O Plano Mestre do Evangelismo) do Dr. Robert Coleman. Neste livro, o Dr. Coleman demonstra os oito passos da formação de uma equipe e destaca como os doze homens da equipe de Jesus multiplicaram o ministério de Cristo mundialmente. [2]

Segui este plano para desenvolver missões mundiais (como descrito no capítulo 3). Com esta estratégia estabelecida, o poder do trabalho em equipe está rapidamente levando o evangelho a regiões não alcançadas. Um pastor liberiano pegou quatro mil dólares e adquiriu uma fazenda de mandioca. Então, ele utilizou os rendimentos da colheita para enviar 300 plantadores de novas igrejas até os grupos de povos não alcançados. Um ano depois, 289 dos plantadores de igrejas tinham plantado com sucesso uma igreja, e havia 20.000 novos crentes nessas igrejas!

Na ocasião em que este livro está sendo escrito, outro pastor, de Serra Leoa, recebeu trinta mil dólares para comprar duzentas bicicletas e oferecê-las como meio de transporte para pastores em treinamento. Adquirindo mobilidade, os seus duzentos candidatos ao pastorado estão plantando cinco igrejas cada um, fazendo um total de mil igrejas em aldeias. Que investimento tremendo!

Os relacionamentos são as lajes para a construção das equipes, e as equipes constroem redes de comunicação. As redes de comunicação formam uma "rede" que pode colher milhões de almas. Portanto, os *relacionamentos* são a coisa mais importante no evangelho. Uma igreja só terá tanto êxito quanto a sua equipe tiver – ponto final. E a eficácia de cada membro da equipe aumenta exponencialmente quando eles estão se relacionando uns com os outros, em relacionamentos que geram vida.

Aqui na Bethany Church, as nossas equipes de homens e mulheres fazem coisas realmente impressionantes e criativas juntos. Uma equipe de mulheres organiza um dia inteiro de evangelismo voltado para meninas em situação de risco. Elas intitularam o evento de "Prada Girl" (Garota Prada) (em inglês, parodiando a palavra "pródiga") e fizeram sátiras, laboratórios, e pequenos grupos de discussão sobre a pureza. O evento fez tanto sucesso que, no fim do dia, muitas meninas estavam chorando e dando testemunho da sua intenção e desejo de andarem em pureza sexual. Este é apenas um testemunho do que uma equipe comprometida e voltada para Deus pode realizar.

Equipes de colégios recrutam jogadores que têm velocidade, e de repente eles estão na corrida pelo título nacional. O mesmo acontece com qualquer igreja. Igrejas prósperas que influenciam a sua comunidade recrutam equipes de líderes comprometidos e leais, como o apóstolo Paulo fez. Ele viajava em equipe com Lucas (seu médico) e um representante da maioria das igrejas que ele havia plantado. Ele os mentoreava e depois deixava que eles o representassem: "Espero, porém, no Senhor, vos mandar Timóteo... Porque a ninguém tenho de igual sentimento que, sinceramente, cuide dos vossos interesses" (Fp 2:19-20, NKJV).

Eis algumas coisas que as equipes eficazes têm definidas:

1. Expectativas por escrito (cada um conhece o seu papel).
2. Lealdade (ausência de agendas em separado).
3. Comunicação (fluxo constante de informação).
4. Delegação de poder (e não possessividade, manipulação ou controle).

Os relacionamentos determinam o seu impacto geral sobre o reino. Relacionamentos fiéis e de longo prazo revelam consistência no casamento e no ministério. Como no caso dos apóstolos de Cristo, os relacionamentos discipulam e multiplicam.

O método de ação de Paulo era claro e fácil de copiar. Os pastores também devem estabelecer valores que multipliquem, tanto dentro de suas igrejas quanto nas diferentes culturas, e os crentes devem abraçar estes valores com zelo. Chamamos a esses valores de sua "filosofia", e este é o próximo mandamento do ministério.

CAPÍTULO 12

MANDAMENTO 7: FILOSOFIA

Porque a nossa glória é esta: o testemunho da nossa consci-
ência, de que, com simplicidade e sinceridade de Deus, não
com sabedoria humana, mas, na graça divina, temos vivido
no mundo e mais especialmente para convosco.

— 2 CORÍNTIOS 1:12, ÊNFASE DO AUTOR.

A palavra *filosofia* evoca a imagem de grandes pensadores acariciando suas barbas. Uma filosofia, porém, é simplesmente um sistema de suposições. É uma estrutura a partir da qual você faz julgamentos e toma decisões. Quando você tem uma filosofia de vida ou de ministério, a tomada de decisões se torna fácil para você e para todos os que estão associados a você.

O dicionário *Oxford American* define filosofia como "uma teoria ou atitude mantida por uma pessoa ou organização que atua como um princípio de orientação para o comportamento". A sua visão de igreja é exibicionista ou funcional? Ela é voltada para a população local ou para missões? Ela é direcionada aos ricos ou aos necessitados? Ela é generosa ou mesquinha?

A filosofia de ministério de uma igreja guia a personalidade daquela igreja e de seu ministério assim como dos membros que participam dela. Então, se você é um pastor, terá de desenvolver uma filosofia de ministério que mostre claramente aquilo que você crê e por quê. Se você é um membro de igreja, também precisará refletir na sua filosofia com relação à igreja e encontrar um corpo local que exemplifique melhor essa filosofia. Quando pastores e membros que têm mentalidades semelhantes unem suas forças, um poder explosivo é liberado para fazer avançar o reino de Deus.

A filosofia de uma igreja geralmente tem origem com o plantador da igreja, a pessoa apostólica que estabeleceu o fundamento da igreja. Meu pai estabeleceu o fundamento da nossa igreja em 1963, e mantivemos essa filosofia por mais de quatro décadas. Se alguma coisa popular acontece, mas não se encaixa na nossa filosofia, dizemos: "Isto não é a cara da Bethany!" É crucial que a filosofia de uma igreja seja formulada e transmitida. Todos os que chegam devem saber qual é a estrutura do ministério daquela igreja específica e como aquilo faz dela uma igreja singular.

O apóstolo Paulo tinha uma filosofia de ministério que representava os seus valores e a sua estrutura. No versículo que abre este capítulo, a filosofia de Paulo brilha nas palavras *simplicidade* e *sinceridade de Deus*. Vamos ver como Paulo via o ministério, e vamos procurar desenvolver algo semelhante.

SIMPLICIDADE

Genialidade é a capacidade de transformar algo complexo em algo simples. A palavra grega para *simples* indica um foco estreito, uma mente determinada. Tendo criado seis filhos, sei que as crianças são mestras em complicar as coisas. Se elas entram em um quarto que tem um armário cheio de brinquedos, elas tiram todos os brinquedos para fora e brincam com todos eles até o chão ficar completamente obstruído. Certamente não é sinal de maturidade tentar ver como podemos tornar o nosso ambiente complicado.

Na esfera da igreja, geralmente achamos que estamos sendo produtivos se estivermos promovendo novos programas e ministérios diariamente. E às vezes nossos membros também confundem atividade com espiritualidade. Então, acrescentamos programas, o que acrescenta pessoal, o que acrescenta escritórios, o que acrescenta prédios, o que acrescenta finanças, o que acrescenta pressões. Mas todos sabem que quando você desperdiça a sua jogada, você não pode realmente causar muito dano.

Pense na diferença entre uma bola de praia e uma bola de boliche para ilustrar este ponto. Uma bola de praia é grande, macia e engraçada, mas não pode causar nenhum dano. Uma bola de boliche, porém, pode derrubar uma porta. É isto que precisamos ter em uma igreja: esforço concentrado e consolidado com poder para realizar objetivos, e não apenas a última e maior moda que surgiu entre os ministérios.

"Maior é melhor" não é necessariamente verdade, como muitos pastores titulares esgotados e membros de igreja irritados podem testemunhar. A vida deles se transformou em labirintos complexos de orçamentos, departamentos, reuniões de comitê, programas de construção, propriedades, organizações e publicidade. O poder simples da igreja local é deixado para trás, à medida que esses pastores bem intencionados, mas enganados, avançam. E atrás deles seguem os crentes, cansados e aturdidos, que tentam acompanhá-los e imitar o padrão deles de "trabalhar para o Senhor".

Mas Jesus disse: "Porque o Meu jugo é suave, e o Meu fardo é leve" (Mt 11:30). O que aconteceu com o descanso que

Jesus prometeu nesta passagem? Com a complexidade veio o estresse, e com o estresse veio o pecado.

O falecido John Osteen, que era um bom amigo de meu pai, teve um sonho no qual o Senhor lhe apareceu e lhe mostrou uma cruz. O Senhor instruiu-o a pegar a cruz. Ele se abaixou e se preparou para colocar aquele grande peso sobre os ombros, mas quando ele a levantou, percebeu que era feita de isopor!

Através deste sonho, o Senhor o redirecionou e mudou sua intenção de montar um enorme escritório e equipe para um ministério internacional e, em vez disso, mostrou-lhe como modernizar e simplificar. A sua igreja, agora pastoreada por seu filho Joel, deu prosseguimento a esta filosofia e tornou-se a maior igreja dos Estados Unidos. A filosofia de excelência da família Osteen, uma filosofia simples e voltada para o povo, tocou o coração da nação e fez com que eles fossem amados por milhões de pessoas.

O que é simples "pega". Foi o que os gurus da publicidade descobriram. No livro *Made to Stick*, de Chip e Dan Heath, a simplicidade é enaltecida como o elemento que faz com que ideias complexas peguem. Os autores se referem a slogans muito conhecidos como: "Just do it", da Nike, como exemplos clássicos de ideias simples que pegaram. Eles oferecem esta equação para ajudar a explicar esse princípio: simples = central + compacto.[1] Em outras palavras, manter as coisas simples é resultado de pegar uma ideia central e expressá-la de forma compacta.

Na organização, a simplificação economiza dinheiro e corta caminho em meio à rotina e burocracia. Quanto mais simples for um conceito, mais fácil será implementá-lo na linha de frente. É por isso que organizações inteiras passam dias reduzindo suas visões e suas declarações de intenções a algo simples e transferível.

Temos uma capacidade de concentração limitada. Li que um leão em uma jaula fica confuso com as quatro patas do banquinho que o treinador coloca diante dele, e assim, ele simplesmente se senta, paralisado, porque não consegue manter o foco. O mesmo acontece com você quando muitas coisas exigem a sua atenção. Portanto, pastores, *simplifiquem* seus orçamentos, suas posições e seus programas ministeriais. Encontrem uma pergunta filosófica à qual vocês possam se aplicar para determinar se ela ainda é relevante. Uma boa pergunta pode ser: será que isto ganha almas e faz discípulos? Ou: será que isto ensina as Escrituras? Ou: Isto propicia famílias fortes? Os crentes também devem fazer a si mesmos essas perguntas penetrantes sobre o ministério de suas igrejas e daquelas com as quais eles se envolverem.

Muitos dos nossos problemas com a complexidade derivam da mentalidade de tentarmos manter o mesmo padrão de outros no ministério. Pastores ouvem falar de outra igreja local na cidade que tem um ministério voltado para "ruivos acima de vinte e nove anos e abaixo de trinta e um anos", e imediatamente abrem um ministério igual! Eles tomam conhecimento de que o ministério de outra igreja, que atua em um ônibus, está realmente causando impacto, então decidem que precisam ter um ministério em um ônibus também. O que eles não sabem, porém, é que a outra igreja está em processo de anular algumas fases e está vendendo todos os seus ônibus! Ou pior, eles participam de uma conferência em um estado vizinho e voltam para casa com um monte de materiais para o mesmo núcleo esgotado e desgastado que os seguem em outras três direções.

Não são apenas os pastores que são propensos a complicar o ministério. Crentes bons e tementes a Deus também fazem isso. Talvez porque eles queiram genuinamente servir a Deus e expandir o Seu reino, eles acabam se envolvendo em absolutamente tudo sem avaliar o lugar de direito que todas essas coisas ocupam em suas vidas. Infelizmente, alguns negligenciaram suas obrigações familiares, esquivaram-se de suas responsabilidades profissionais, e abandonaram os simples prazeres diários à medida que suas vidas se tornaram cada vez mais complexas e exigentes – tudo em nome do Senhor.

Lembro-me de uma família em nossa igreja cujo estilo de vida complicado gerou uma crise financeira. Eles vieram nos pedir ajuda, e iniciamos o processo. Primeiro, relacionamos toda a dívida deles, e, inacreditavelmente, ela chegava a mais de uma página de itens separados! O estilo de vida complexo deles e a administração ilógica de seu dinheiro mantinham seu casamento, sua família, sua saúde e suas mentes em um verdadeiro redemoinho de confusão. Trabalhamos com eles, e, simplificando e priorizando, eles puderam sair completamente das dívidas em menos de três anos. Mas isto não poderia ter acontecido sem a disposição de reexaminar sua vida e simplificá-la. Escolhas complexas e confusas sempre geram grandes conflitos, crises e caos.

Simples é melhor. Sempre faço a mim mesmo esta pergunta simples sobre qualquer coisa que estejamos fazendo: *Isto está simplificando o nosso ministério ou está empilhando mais coisas em cima dos nossos recursos e da nossa força de trabalho, já esticados ao máximo?* O governo federal americano é um excelente exemplo do que acontece quando uma organização fica atolada em regulamentos e programações que muitas vezes entram em conflito e competem uns com os outros. As reuniões de equipe então passam a ser batalhas orçamentárias enquanto os chefes de departamento competem entre si por recursos limitados.

O mesmo pode acontecer na igreja. Gosto de dizer que o pastor comum vive debaixo de tanto estresse que ele parece um gato de cauda longa em uma sala cheia de cadeiras de balanço! A única solução é enxugar, consolidar, simplificar, e descansar. Os primeiros apóstolos sabiam disto. É por isso que eles delegavam muitas responsabilidades aos outros para que pudessem se dedicar à oração e ao ministério da Palavra (At 6:4).

Um de nossos parceiros missionários no México estava ficando esgotado com todo o tempo que tinha de gastar para levantar apoio financeiro para outros casais de missionários. O Senhor instruiu-o a prosseguir com o seu trabalho e deixar que aqueles que não conseguissem ter êxito voltassem para casa. Às vezes, você precisa recuar, confiar em Deus, e não se importar com as consequências.

Encerro esta palavra sobre simplicidade com uma ilustração do antigo Ed Sullivan show, uma espécie de "show de calouros" dos anos 60. Ed muitas vezes tinha como convidado um homem cujo talento era girar pratos. O homem começava o seu ato girando um prato e colocando-o em cima de uma vara. Quando ele colocava a vara no chão (com o prato ainda girando em cima dele), ele começava a girar outro prato. Ele continuava até estar girando muitos pratos, mas tinha de continuar voltando para fazer os primeiros pratos girarem. Sem a sua atenção pessoal, cada prato acabaria balançando e caindo.

Esta não é uma descrição perfeita de muitos pastores e cristãos? Criamos muitas ideias e projetos que requerem o nosso ímpeto pessoal para sustentá-las. Mas ouça-me com atenção: Se o Espírito Santo não sustentá-las, *deixe que elas caiam.* Simplifique a sua vida e o seu ministério até o fim. A sua saúde melhorará, o seu casamento durará, e a sua alegria de servir a Deus retornará.

SINCERIDADE

Um segundo aspecto importante da filosofia do ministério é a *sinceridade.* Você já deve ter ouvido falar que esta palavra vem das palavras latinas *sine cere,* que significam "sem cera". Na antiguidade, os mercadores de cerâmica vendiam potes com essa marca para diferenciá-los dos potes mais baratos que haviam se quebrado e sido restaurados com cera e tinta. Dizer que alguma coisa era "sine cere", significava que era verdadeira, transparente e genuína.

O apóstolo Paulo era verdadeiro. Ele disse: "Porque a nossa glória é esta: o testemunho da nossa consciência, de que, com santidade e sinceridade de Deus, não com sabedoria humana, mas, na graça divina, temos vivido no mundo, e mais especialmente para convosco" (2 Co 1:12). Sinceridade, portanto, é manter a sua consciência limpa perante o mundo.

Ele prosseguiu: "Porque nós não estamos, como tantos outros, mercadejando a palavra de Deus; antes, em Cristo é que falamos na presença de Deus, com sinceridade e da parte do próprio Deus" (2 Co 2:17). A mendicância religiosa, assim como os vendedores ambulantes religiosos, obviamente estavam em alta, até mesmo nos dias de Paulo.

"Ser verdadeiro" passou a ser uma expressão para designar os reality shows da televisão. No entanto, na igreja, tendemos a nos desviar para métodos, atitudes e atmosferas que parecem insinceros e irreais. Quando pessoas novas entram em uma igreja, dentro de alguns minutos elas conseguem avaliar mentalmente o "grau de sinceridade" em uma escala de um a dez. Se concluem que as emoções são exageradas ou que não são genuínas, elas mal podem esperar para sair.

As pessoas empregadas para publicar comentários favoráveis a respeito de Washington e de Hollywood são infames por sua capacidade de apresentar o retrato que querem de uma determinada situação. Como um gato que cai de um telhado, elas sempre aterrissam de pé. Elas podem tratar qualquer situação que os retrate por uma perspectiva ruim, transformando-a em algo positivo e sem importância. Esses disfarces óbvios ofendem as pessoas inteligentes e sensíveis. Por causa desta falta de realidade impregnante, a nossa geração mais jovem vai se tornando cada vez mais depreciativa com relação tanto à igreja quanto ao governo.

Muitas vezes tive a oportunidade de ajudar crentes em meio a crises financeiras apenas incentivando-os a serem sinceros com seus credores. Embora a tendência natural deles seja a de evitar aqueles que estão tendo dificuldades para pagar, eu os aconselho a ligarem para seus credores, informando-os sobre a situação exata em que se encontram. Digo a eles para serem completamente francos, sem fazer rodeios ou dar voltas, e sem enfeitar a história de modo algum. Para surpresa deles, os credores têm mais confiança no risco de crédito de uma pessoa, e assim estão mais dispostos a trabalhar com ela quando percebem que ela está sendo sincera. Porém, a história é outra quando eles ouvem o "Sr. Oto, o honesto vendedor de carros usados" do outro lado da linha.

Nos primeiros dias da Bethany Church, minha mãe costumava cobrar dívidas de suas vendas de enciclopédias. Um dia, ela bateu na porta de uma casa, e uma garotinha atendeu. Muito inocentemente, a criança disse: "Minha mãe mandou dizer que ela não está em casa!" Isto, naturalmente, não é sinceridade, mas muitas vezes é o caminho que muitos escolhem. Tome a decisão de ser verdadeiro e sincero, independente do resultado; e Deus o honrará por isso.

Tenho apresentado um programa de televisão há vinte anos. Ele dura noventa segundos e vai ao ar às 6:50 da manhã nas duas maiores redes de televisão da nossa cidade. Começar este programa em uma época em que os escândalos sobre os principais ministérios estavam chegando ao noticiário da noite não me ajudou em nada. No entanto, o Senhor pôs em mim a impressão de que a sinceridade abriria a porta dos corações. Enquanto gravo esse programa simples, concentro-me todos os dias em ser exatamente quem sou para uma outra pessoa que me assiste. Isto tem surpreendido os céticos e os sarcásticos. Eles me assistem dia após dia durante anos, finalmente deixando de lado as suas defesas e recebendo a simples Palavra de Deus. A porta aberta para o ministério durante seis anos no Palácio do Governador, que mencionei anteriormente, foi resultado desse pequeno programa.

Por que sentimos tantas vezes que temos de proteger a imagem de alguém que não somos? O mundo está desesperado por Jesus, mas tem dificuldade em encontrar um mensageiro que seja sincero. Na Bethany Church, não permitimos nada em nossa igreja que seja falso ou que projete uma mentira. Abrindo nosso coração de forma transparente, construímos a confiança e a estabilidade na igreja e diante do mundo.

Quando você namora uma pessoa que não é sincera, o "sentido" que lhe capacita a discernir as coisas lhe diz que é hora de seguir em frente. O mesmo acontece com qualquer aspecto da sua vida como cristão. Faça com que todas as decisões importantes que você tenha de tomar passem pela "peneira da sinceridade" antes de seguir em frente. Permaneça fiel a quem você é e à sua filosofia de vida. O resultado será uma vida genuína, aberta e saudável, que atrai as pessoas a você e ao Deus que você representa.

SACRIFÍCIO

O último pilar filosófico sobre o qual o nosso ministério está firmado é o *sacrifício*. Quando leio sobre tudo que o apóstolo Paulo passou em seu ministério (2 Co 11:23-27), sinto-me privilegiado por ter um ministério nos Estados Unidos. Embora eu nunca tenha sofrido como Paulo, lembro-me de meus dias como missionário na África, quando Melanie e eu ficamos sem eletricidade ou água corrente por seis meses seguidos. Aquela região da Nigéria era tão primitiva que passamos a maior parte do nosso tempo simplesmente sobrevivendo. Passamos noites de calor insuportável dormindo com as janelas fechadas para escaparmos das mordidas dos insetos. Tentando suportar aquilo, encharcávamos lençóis de suor, mas não havia outra alternativa. Tomar banhos frios dependendo de um refrigerador movido a querosene que fazia um cubo de gelo a cada dois dias, ferver e filtrar a água várias vezes antes de beber, e lutar constantemente contra a malária tornou-se o nosso modo de vida.

Quando retornamos após dois anos no campo, passei a ter uma grande admiração pelos missionários e por suas lutas. Quando entrava em uma mercearia americana cheia de milhares de marcas de milhares de artigos, eu me lembrava que em uma loja na capital de uma nação africana havia um único artigo disponível: geleia de abacaxi! Além disso, todo o papel higiênico era exportado para outros países, e as pessoas faziam fila para conseguir pequenas latas de leite. Apesar de toda a falta, porém, alguns dos pastores nacionais, que recebiam cinquenta dólares por mês para seu sustento, tinham ministérios incríveis.

Certa vez ouvi um pastor dizer: "Se no local não houver um Hotel Hilton, então não serei missionário". Pensei comigo mesmo na vez em que viajamos para um vilarejo remoto em uma pequena canoa com um motor de popa. Os trabalhadores locais ficavam afugentando as perigosas moscas tsé-tsé, que não paravam de pousar em nós. À medida que as horas se passavam, parecia que eu estava sentado em um cabo de vassoura, de tão estreito que era o assento provisório da canoa. Finalmente, perto do cair da noite, nos aproximamos do vilarejo.

Forçando os olhos na escuridão, pude ver lanternas de querosene na margem. Quando nos aproximamos, logo percebi que havia centenas de pessoas aguardando. Elas nos ajudaram a sair do nosso pequeno barco e nos levaram ao centro da cidade, exigindo que pregássemos ali e naquele instante! Aqueles quatrocentos aldeões haviam esperado o dia inteiro, ficando em casa sem irem aos campos, porque tinham ouvido dizer que estávamos chegando. Com apenas uma curta mensagem pregada de cima de um pequeno monte de terra no centro do vilarejo, praticamente toda a população entregou o coração ao Senhor. Não, não havia um Hilton ali naquele vilarejo africano. Não havia quase nada – só um grupo de pessoas isoladas, de difícil acesso, famintas pelo evangelho e dispostas a se sacrificarem para ouvi-lo.

Naturalmente, creio que a mensagem do evangelho sobre dízimos e ofertas transformará as finanças das pessoas de maldição em bênção. Vi haitianos pobres se tornarem prósperos para o padrão de seu país simplesmente aprendendo a dizimar da sua renda. Também creio que Deus quer que o Seu povo seja abençoado. Paulo disse: "E o meu Deus, segundo a Sua riqueza em glória, há de suprir, em Cristo Jesus, cada uma de vossas necessidades" (Fp 4:19).

Paulo afirmou ainda: "Devem ser considerados merecedores de dobrados honorários os presbíteros que presidem bem, com especialidade os que se afadigam na palavra e no ensino. Pois a Escritura declara: Não amordaces o boi, quando pisa o trigo. E ainda: O trabalhador é digno do seu salário" (1 Tm 5:17-18). Creio que os pastores e os que trabalham no ministério devem ser bem pagos para que não tenham de perder seu tempo apelando para todo tipo de estratagema financeiro para poderem segurar as pontas. Há um termo aceitável de apoio para os líderes espirituais que os capacita a viver confortavelmente em qualquer nível da sociedade sem parecerem exagerados. Os crentes também têm o direito de usar a sua renda ganha com dificuldade para atender às necessidades de sua família. No entanto, quando perdemos o contato com a necessidade do sacrifício para que outros possam ouvir o evangelho, nos afastamos de uma filosofia crucial à nossa fé.

A chave para qualquer verdade bíblica, inclusive sobre finanças, é o equilíbrio. Sem finanças, os cristãos não podem fazer nada pelos outros em todo o mundo. Tenho tido a alegria de em muitas ocasiões poder enviar até um milhão de dólares para um projeto de missões ou evangelismo. Mas se eu começar a pensar em mim mesmo como um receptáculo merecedor dessas bênçãos, eu me afasto da filosofia de Paulo. Nunca se esqueça: você é abençoado para ser uma bênção.

Na Bethany Church, temos nos esforçado ao longo dos anos para dar vinte e cinco por cento da nossa renda anual para ministérios de missões locais e no exterior. Há muitas outras coisas que poderíamos fazer com essa renda, mas faz parte da nossa filosofia o fato de que o sacrifício dedicado a missões cumpre o chamado do coração de Jesus na Grande Comissão. Aqueles que chamam nossa igreja de "lar" sabem que missões é prioridade máxima, e por terem abraçado a filosofia de ofertar em sacrifício, temos sido capazes de fazer muito mais do que jamais sonhamos ser possível.

Ao levarmos em consideração um gasto específico, um bom teste de orientação para qualquer igreja ou crente individualmente é fazer estas perguntas: Poderíamos passar sem "isto" e usar estes fundos para plantar igrejas pelo mundo? Estamos fazendo mais do que simplesmente atender às nossas necessidades e ficando centrados em nós mesmos? Paulo parecia ter um ministério feliz e equilibrado sem acumular muitas posses terrenas, de modo que sabemos que é possível. Acontece que esta não é uma mensagem popular que as pessoas autoindulgentes das sociedades abastadas gostam de ouvir.

Mantenha a simplicidade, mantenha a sinceridade, e mantenha o sacrifício. Talvez a sua filosofia inclua estas expressões ou outras semelhantes que sejam o fundamento do seu processo de tomada de decisões. Sente-se e examine a si mesmo para ter certeza de que você não se afastou do fundamento que foi estabelecido para você. Se o fundamento do passado fracassou, faça uma mudança. Pastores, transmitam à sua equipe e à sua congregação os novos valores que vocês prezam, e depois escrevam-nos, juntos, em seus corações. Valores são traduzidos em ações, desde o santuário até os gabinetes da igreja, incluindo o talão de cheques da igreja! Crentes, estejam abertos para ver a sua filosofia de ministério ser desafiada e expandida e os seus horizontes ampliados além das suas limitações atuais.

Os sete primeiros mandamentos estabelecerão um fundamento firme na vida e no ministério de qualquer pessoa. Embora não seja tão fascinante, um fundamento firme é necessário, e uma vez tendo-o estabelecido, você estará pronto para passar para a fase de construção. Os três últimos mandamentos do ministério construirão o prédio que todos verão, e o primeiro desses mandamentos é a fé.

CAPÍTULO 13

MANDAMENTO 8: FÉ

Depois destes acontecimentos, veio a palavra do Senhor a Abrão, numa visão, e disse: "Não temas, Abrão, Eu Sou o teu escudo, e teu galardão será sobremodo grande".

— GÊNESIS 15:1

Existe um mundo natural, e existe um mundo espiritual. O mundo espiritual é mais real do que o natural porque o natural nasceu do espiritual. Alguns chamam o mundo espiritual de "a quarta dimensão", querendo dizer que ele fica acima das realidades naturais de espaço e tempo de linhas, planos e cubos. A fé é o que traz você a esta dimensão que o apóstolo Paulo chamou de "lugares celestiais".

Andar na quarta dimensão é como andar com a cabeça acima das nuvens. Nas três primeiras dimensões do mundo natural estão as suas circunstâncias, mas na quarta dimensão, a dimensão da fé, está a vitória de Cristo na Sua ressurreição e ascensão. Quando Pedro andou sobre as águas, ele estava se movendo no mundo espiritual e na quarta dimensão; somente quando o medo entrou em seu coração foi que ele afundou para o mundo natural das suas circunstâncias.

O versículo das Escrituras no início deste capítulo é parte de uma história sobre o mundo espiritual. As primeiras palavras de Deus a Abrão nesta visão foram: "Não temas". A fé e o medo não podem coexistir. A dúvida, o medo e a incredulidade podem impedir qualquer milagre. Jesus sabia disso e muitas vezes precisava retirar as pessoas das cidades incrédulas para que elas pudessem ser curadas (Mc 8:22-23). A fé é um fator crucial para o sucesso na vida cristã. Se você se tornar derrotado, negativo, cético e medroso, o seu barco espiritual não pode flutuar; e, como Pedro, você correrá o risco de afundar. Neste capítulo, tentarei edificar a sua fé até o nível da conquista.

FÉ E VISÃO

Vamos voltar ao nosso versículo em Gênesis 15:1. Aqui neste versículo está a primeira menção à palavra *visão* na Bíblia (o ensino mais claro sobre um tema é a primeira menção encontrada na Bíblia). Deus apareceu a Abrão em uma visão, dando a ele um relance do mundo espiritual. Visão é semelhante a alguém abrir uma cortina, dando a você um relance de um objeto, e depois deixando a cortina voltar ao seu lugar. É um instantâneo fotográfico do eterno. O obturador se abre e a foto é tirada, mas a revelação da imagem leva tempo. *Toda fé começa com uma visão.* Você precisa ver o que Deus vê no mundo espiritual, e depois a sua fé se elevará acima das suas circunstâncias.

A sua visão como cristão, seja na posição pastoral ou no nível pessoal, é essencial. Em Gênesis 15:5, Deus atraiu Abrão para fora de sua tenda para contemplar o céu noturno.

Ali Ele falou-lhe de uma visão maior do que Abrão poderia imaginar. Assim como Abrão, muitos cristãos têm uma mentalidade de tenda na sua visão, uma visão limitada, natural e restrita. Tudo que eles conseguem ver é algo que está se esforçando para sobreviver.

A sua visão é como os faróis de um carro: ou você está com farol baixo ou com farol alto. Se estiver dirigindo com o farol baixo ligado, você tem medo de avançar além do que pode ver, então, você desacelera. Mas quando você está dirigindo com o farol alto ligado, a sua visão se expande e você avança mais depressa. Mais visão, mais movimento, é assim que funciona.

"Vês alguma coisa?" Jesus perguntou ao cego (Mc 8:23). Pelo fato de que o homem inicialmente só teve parte da sua visão curada, ele viu "homens... como árvores... andando" (v. 24). Conheço muitas pessoas assim: elas se esforçam para ter uma visão clara do seu futuro, do seu crescimento pessoal e da sua eficácia para o reino de Deus.

O tamanho da sua visão é muitas vezes determinado pelo seu cargo ou posição. O apóstolo vê o mundo todo, o profeta vê a nação, o evangelista vê a cidade, o pastor vê a igreja, e o mestre vê os seus discípulos. Homens de negócios veem suas empresas, professores veem os seus alunos, e pais veem os seus filhos. O tamanho da sua visão determina a sua medida de fé, e somente Deus pode aumentar a sua visão. No entanto, quando você conhece o seu cargo ou posição, a sua fé começa a se ampliar para cumprir a sua visão.

Anos atrás, eu possuía um boneco "Stretch Armstrong" cujos braços de borracha podiam se esticar até uma distância de quase dois metros. Segurando-o diante da congregação, eu puxava seus braços enquanto encorajava a todos: "Esti...i...i...i...i...i...quem a sua fé!" Eles entenderam visualmente o ponto de realizarem a medida da sua fé.

Então Deus levou Abrão para fora (Gn 15:5) e disse a ele para levantar os olhos e ver as estrelas. Deus disse a ele que cada estrela era um futuro filho ou descendente dele. Naquelas estrelas incontáveis estavam os rostos da posteridade de Abrão. Como Abrão, precisamos sair da nossa tenda, olhar para o alto, e ver o que ainda não existe na esfera natural.

Muitas vezes peço ao Senhor para me mostrar a Sua visão para o meu futuro, porque *a visão ativa a fé*. A visão se torna o projeto do futuro. Tanto Moisés quanto Davi receberam visões, um para construir o tabernáculo e o outro para construir o templo. Ambos tiveram aquela visão no Espírito e depois anotaram os planos, que finalmente se concretizaram.

Planos geram prédios, se forem anotados e específicos. É por isso que você *precisa* escrever a sua visão e mantê-la diante dos seus olhos. "O Senhor me respondeu e disse: 'Escreve a visão, grava-a sobre tábuas, para que a possa ler até quem passa correndo. Porque a visão ainda está para cumprir-se no tempo determinado, mas se apressa para o fim e não falhará; se tardar, espera-o, porque, certamente, virá, não tardará'" (Hc 2:2-3).

FÉ E CONFIANÇA

Com relação a Abrão, Gênesis 15:6 diz: "Ele creu no Senhor, e isso lhe foi imputado para justiça". A palavra traduzida como "creu" em hebraico é *awman*, a palavra raiz para "amém". É a mesma palavra usada para retratar uma enfermeira, ou mãe, segurando um bebê. Assim como eu, você provavelmente já segurou seus filhos pequenos nos braços e sentiu o peso de uma criança totalmente relaxada e dormindo. O bebê fica ali, totalmente relaxado em seus braços, confiando totalmente na sua capacidade de cuidar dele e de prover o seu sustento.

Este mesmo retrato se aplica à fé. Ele fala de um estado de ser, de uma postura relaxada de descanso. Ele não está lutando e se esforçando. É uma fé que se abandona em total confiança. Como Davi disse: "Pelo contrário, fiz calar e sossegar a minha alma; como a criança desmamada se aquieta nos braços de sua mãe, como essa criança é a minha alma para comigo" (Sl 131:2).

Abrão aceitou a visão de milhares de filhos e simplesmente disse amém! Para muitos, porém, a fé não é tão simples. Para eles, é como se esforçar para aprender os princípios fundamentais de uma tacada de golfe. Se você pensar em cada músculo, cada ângulo, e na velocidade enquanto está dando uma tacada, cada tacada será horrível. Mas se você relaxar e confiar na sua memória muscular (sem pensar demais), você quase sempre conseguirá atingir a bola.

Ouço alguns ensinamentos sobre fé que me fazem lembrar daquela tacada de golfe: *Espere... relaxe... pense nisto... diga aquilo*. Fico cansado só de ouvir todas as instruções! Mas, na verdade, a fé tem mais a ver com *receber* do que com *fazer*. Paulo disse aos crentes hebreus: "Nós, porém, que cremos, entramos no descanso" (Hb 4:3). E Jesus disse ao cego Bartimeu: "Recupera a tua vista" (Lucas 18:42). O problema não era com o amor ou a vontade de Jesus, mas com a capacidade de Bartimeu de receber.

Creio que o descanso é um problema enorme para os ministros, os líderes cristãos, e para os crentes comuns. Todos eles lutam e se esforçam para "fazer as coisas acontecerem". Eles não têm descanso ou paz por causa da falta de confiança em Deus para fazer acontecer. Suas famílias se desfazem, eles tomam decisões impetuosas, e a saúde deles se desintegra por causa da falta de descanso. Eles param de rir e começam a se levar a sério demais. Seus rostos se contorcem de ansiedade por causa do último número do coral, por causa da reunião de diretoria, e por causa do ministério. No pequeno grupo, eles se fixam no número de pessoas que comparecem às suas reuniões. Em casa, eles imaginam por que todos os outros parecem obter bênçãos que escapam de suas mãos. Cada um está em um carrossel sem fim de autoajuda e de boas obras para atingir o que Deus prometeu dar gratuitamente.

A todos vocês que estão lendo este livro, tenho uma palavra da parte do Senhor: *relaxem!* Meu principal professor do Seminário ajudou-me a entender este princípio quando definiu o termo *permanecer* em João 15 como "trabalhar com toda a capacidade em um estado relaxado de fé". Aprendi o mesmo com meu pai. A frase favorita dele sobre o ministério é: *Relaxe... mantenha a simplicidade... alivie a bagagem!* Depois de passar muitos anos sendo triturado pela pressão do ministério, ele decidiu trabalhar *com* Deus em vez de trabalhar *para* Deus. É isto que faz toda a diferença.

A fé relaxa na visão que você teve e entrega o cronograma nas mãos de Deus. Afinal, uma promessa é uma promessa. Quando uma criança ouve uma promessa de um de seus pais, a criança *deveria* relaxar e descansar na palavra deles. Mas quando nós, filhos de Deus, não vemos a visão se cumprir, temos a tendência de entrar em pânico, como Abrão fez.

Abrão precisou de vinte e quatro anos desde que recebeu a sua visão até que sua confiança se tornasse visível. Ele devia ter simplesmente esperado que a promessa se manifestasse sem entrar em pânico, mas em vez disso, ele tomou o assunto em suas próprias mãos, e o resultado foi Ismael. Talvez você tenha esperado por tanto tempo que está prestes a *fazer alguma coisa*. Isto não fará com que a sua visão se realize; apenas a retardará. Lembre-se, quanto mais você permanecer firme na fé, maior glória isto trará a Deus quando ela vier. Diga: "Amém!"

FÉ E PALAVRAS

Muito foi dito nos últimos anos sobre as nossas palavras e o efeito delas sobre a nossa fé. Provérbios diz: "A morte e a vida estão no poder da língua" (Pv 18:21). E no Novo Testamento, Tiago nos diz que a língua é como o leme de um navio (Tg 3:4-5). Não devemos ficar paranoicos com relação às nossas palavras, mas ao mesmo tempo, devemos ter o cuidado de escolher palavras que tragam vida. As palavras são lemes poderosos que guiam nossas vidas e ministérios.

As suas palavras devem estar de acordo com a visão que Deus lhe deu. Você pode negar a sua visão declarando constantemente palavras de medo, conflito e incredulidade. Jesus ligou a sua fé às suas palavras: "Porque em verdade vos afirmo que, se alguém disser a este monte: 'Ergue-te e lança-te no mar, e não duvidar no seu coração, mas crer que se fará o que diz, assim será com ele'" (Mc 11:23).

Como pastor, entendi que o louvor é a linguagem da fé. Abraão "não duvidou, por incredulidade, da promessa de Deus; mas pela fé, se fortaleceu, *dando glória a Deus*" (Rm 4:20, ênfase do autor). Quando duvido e fico pessimista, minhas palavras passam de ações de graças para murmuração. Esta mentalidade e esta conversa negativa cegam a minha visão, lançam-me de volta no mundo natural, e influenciam os que me cercam a perderem a esperança.

Neemias entendeu o poder das palavras negativas quando os homens de Judá, por medo e desânimo, disseram: "Já desfaleceram as forças dos carregadores, e os escombros são muitos; de maneira que não podemos edificar o muro" (Ne 4:10). Ele respondeu: "Não os temais; lembrai-vos do Senhor, grande e temível, e pelejai pelos vossos irmãos, vossos filhos, vossas filhas, vossa mulher e vossa casa" (v. 14).

O maior exemplo do poder que as palavras têm para

anular uma visão é a história familiar dos doze homens que foram espiar a Terra Prometida. O contraste entre um bom relatório e um mau relatório é visto aqui: "Então Calebe fez calar o povo perante Moisés e disse: 'Eia! Subamos e possuamos a terra, porque, certamente, prevaleceremos contra ela'. Porém os homens que com ele tinham subido disseram: '*Não podemos* subir contra aquele povo, porque é mais forte do que nós'" (Nm 13:30-31, ênfase do autor).

Deus disse àqueles dez espias que haviam influenciado negativamente o povo que "como falastes aos Meus ouvidos, assim farei a vós outros" (Nm 14:28). Existe uma ligação séria entre as suas palavras e a sua fé! Os dez espias com o mau relatório morreram no deserto, mas Josué e Calebe, os dois espias que deram um bom relatório, empreenderam a jornada em direção à terra da visão.

Tome cuidado com as suas conversas e com as palavras dos que o cercam. Sabemos que a realidade exige que conversemos sobre as coisas, mas devemos sempre permanecer na linguagem da fé, falar sobre ela e louvar com tais palavras. *O fracasso em viver de acordo com este princípio aprisionou muitos crentes no desânimo e na derrota.* Enquanto você lê este capítulo, arrependa-se de qualquer palavra negativa de incredulidade que tenha traçado o seu rumo, e comece a louvar ao Senhor todos os dias por Suas promessas de crescimento, aumento e bênção.

FÉ E CRESCIMENTO

Falando aos Coríntios, Paulo lembrou à igreja primitiva que "o crescimento veio de Deus" (1 Co 3:6). Deus quer que você cresça na sua caminhada com Ele, e Ele quer que as igrejas cresçam à medida que O seguem. A fé começa com uma visão, continua com as suas palavras, e termina com o crescimento.

No Livro de Atos, a igreja cresceu, primeiramente por acréscimo e depois por multiplicação. Nenhum pastor deve se sentir condenado ou diminuído pelo tamanho do seu crescimento porque muitos fatores controlam isso: o tamanho da cidade, o trabalho espiritual que o precedeu, e o nível de seus dons espirituais. Entretanto, quando muitos pastores ouvem relatórios sobre um crescimento estrondoso nas igrejas, isto exerce um impacto negativo e desanimador sobre eles, porque eles comparam o tamanho e o aumento de suas igrejas com outros exemplos nacionais.

O mesmo acontece em menor escala quando os líderes de pequenos grupos se comparam uns com os outros ou quando o ministério de mulheres local é comparado a um de influência nacional. Essas comparações não apenas são injustas, como também sufocam a fé.

Paulo nos deu a chave para o crescimento na primeira parte do versículo acima: "Eu plantei, Apolo regou, mas o crescimento veio de Deus". A visão do crescimento, apesar do local de reunião, não tem a ver com plantar "ervas daninhas", que brotam depressa, mas com plantar "árvores", que exigem anos de crescimento. E o melhor plano de longo alcance para o crescimento saudável é o discipulado; isto é, plantar pessoas. Precisamos plantar pessoas, que por sua vez plantarão outras pessoas, que por sua vez farão crescer a igreja, que por sua vez expande o reino de Deus. Isto significa que todos – desde o pastor ao líder de ministério e às crianças pequenas – têm uma parte vital a desempenhar no crescimento da igreja.

Pastores engenhosos sugerem gincanas, campanhas, eventos e ideias de marketing para trazer crescimento à igreja, mas quando o impulso termina, a igreja volta ao seu tamanho original. Não há fruto duradouro. O verdadeiro crescimento, porém, só vem quando plantamos pessoas.

Davi discipulou o seu bando de quatrocentos homens que estavam "em aperto... endividados... e... amargurados... e ele se fez chefe deles" (1 Sm 22:2). Eles se tornaram os seus homens poderosos, e milhares de outros soldados se uniram às suas fileiras. Há uma lição para os pastores e líderes de ministério aprenderem com isso: Desenvolva o coração da igreja. Trabalhe com os fiéis. Acredite nas pessoas e desenvolva-as. Não se apresse em crescer, mas acredite nelas com paciência.

Meu filho Joel desenvolveu um dos maiores ministérios de jovens dos Estados Unidos através deste princípio. Ele e sua falecida esposa trabalharam por muitos anos desenvolvendo um grupo de líderes fiéis, lidando com todas as falhas de caráter deles. Esses líderes fizeram o mesmo com outros. De repente, o crescimento começou. De setecentos e cinquenta jovens em agosto de 2005, o grupo deles cresceu para mais de seis mil jovens por volta de dezembro de 2007. Esta abordagem pode parecer mais lenta a princípio, mas finalmente resulta em crescimento através de oração radical, evangelismo radical e discipulado radical. A fé é essencial para este poderoso paradigma e envolve todos os conceitos que ensinei neste capítulo.

Um dos jovens de nosso ministério de jovens ilustra perfeitamente o que a fé, uma vez desatada, pode fazer. Vindo de uma família que tinha um pai com muitos problemas, este jovem tinha problemas de baixa estima e falta de visão. Meu filho Joel, no entanto, viu algo nele e discipulou-o pessoalmente com relação ao seu caráter e ajudou-o a ampliar a sua fé. O efeito foi impressionante. À medida que a fé dele em Deus crescia, esse jovem, que já dirigia um pequeno grupo, começou a multiplicar e desenvolveu rapidamente uma equipe de líderes. Logo, Deus lhe deu uma linda esposa, uma mulher de fé, e os dois atualmente ministram a mais de mil jovens nos grupos que supervisionam!

Os primeiros discípulos, como Barnabé, eram "cheios do Espírito Santo e de fé. E muita gente se uniu ao Senhor" (At 11:24). O mesmo pode acontecer com você. Comece a liberar a sua fé para crescimento, colheita e aumento. O que está impedindo você de alcançar a sua comunidade de forma tangível? Quem disse que você não pode ter um grupo de mulheres em sua casa para tomar café e estudar a Palavra uma vez por semana? Por que não transformar aquele cômodo inacabado em um local de reunião para ter alegria e ministrar para os seus adolescentes e os amigos deles? Você só tem uma vida, e a colheita é vasta. Você não pode se dar ao luxo de permanecer como está e nem mesmo de encolher!

A estratégia agressiva de Satanás é prender milhões em sua teia maligna. Precisamos ser igualmente agressivos com a nossa fé para conquistar as nossas cidades, a nossa nação, e depois as nações do mundo. Pela fé, os santos da antiguidade conquistaram reinos (Hb 11:33), e nós devemos fazer o mesmo.

Levante-se em fé e conquiste! A fé deve se tornar o seu escudo, o mesmo escudo que Abrão segurou naquela noite sob as estrelas de Israel. Quando o escudo da fé estiver em suas mãos, você estará pronto para avançar para o que traz a vitória: guerra espiritual.

CAPÍTULO 14

MANDAMENTO 9: GUERRA ESPIRITUAL

Porque a nossa luta não é contra o sangue e a carne, mas contra os principados e potestades, contra os dominadores deste mundo tenebroso, contra as forças espirituais do mal, nas regiões celestes.

— EFÉSIOS 6:12

Um jovem pastor em luta com problemas relacionados ao poder na igreja, certa vez perguntou a meu pai: "Nos seus sessenta anos de ministério, qual foi a lição número um que o Sr. aprendeu?" Fazendo uma pausa por um instante, meu pai respondeu: "O seu inimigo não são as pessoas".

Essa frase simples expressa o pensamento que se encontra por trás do nono mandamento para o ministério. Se você fracassar em ver o que está por trás dos movimentos e das manipulações das pessoas e em ver o que se passa no mundo espiritual das trevas, você lutará contra o inimigo errado.

Um amigo meu era campeão de boxe amador. Em uma competição, ele estava levando uma verdadeira surra. Seu treinador tentava animá-lo dizendo: "Vai lá, campeão; ele ainda não te acertou com a luva". Olhando através do sangue que escorria de seu olho, meu amigo disse ao treinador: "Você poderia ficar de olho no árbitro, então?" Ele sabia que estava apanhando, mas não sabia de onde estava vindo!

Nós, crentes, enfrentamos a mesma situação difícil. Nossas famílias, nossas emoções, nossa saúde, nossas finanças e nossos ministérios, todos parecem ser desafiados de uma só vez. Mas os cristãos às vezes têm o estranho pensamento de que se estiverem dentro da vontade de Deus, nunca terão de enfrentar o diabo. Se isto fosse verdade, então Paulo deve ter estado fora da vontade de Deus na maior parte do tempo.

Se você nunca se deparar com o diabo, é porque você deve estar andando na mesma direção que ele! Mas se você se aproximar de alguma coisa da qual o inimigo não quer abrir mão, você pode esperar que ele saque as suas armas poderosas contra você. Como um time que defende o seu gol do placar final, o inimigo entra na posição da linha do gol se você realmente o estiver ameaçando.

Alguém disse: "Demônios grandes protegem tesouros grandes". Satanás guarda certas áreas de engano, assassinato, imoralidade, conflitos, governo, e muitas outras áreas essenciais. Para a maioria das pessoas, ele simplesmente coloca um demônio menor no telhado da casa delas e diz: "Se algum dia elas acordarem, vá me chamar". Mas um cristão que vê claramente o princípio da guerra espiritual se torna um perigo claro e presente para o inimigo.

Descobri pela primeira vez este princípio quando era missionário em Gana, no Oeste da África. Melanie e eu estávamos casados havia apenas duas semanas quando chegamos à estação da missão. Juntamente com o restante da equipe, ministramos em regiões ao redor do Lago Volta, onde não havia nenhum testemunho do evangelho, e desafiamos abertamente os feiticeiros e curandeiros. Durante seis meses, vimos a realidade dos poderes das trevas enquanto o nosso pequeno bando de nove missionários sofria ataques contínuos, espiritualmente, fisicamente, e emocionalmente. Uma jovem senhora da Alemanha chegou a enlouquecer e teve de ser levada para casa em uma camisa de força.

Uma noite, tive um sonho tenebroso no qual uma pessoa me dizia para voltar para casa. Quando resisti à pessoa no sonho, acordei e vi um objeto branco tremeluzente ao pé da minha cama. Eu sentia que aquela "coisa" havia prendido meus lábios às minhas orelhas, e senti que estava morrendo. No entanto, meu espírito se levantou dentro de mim enquanto o nome *Jesus* parecia flutuar para cima e sair de minha boca. A presença demoníaca saiu instantaneamente do quarto.

Eu havia acabado de me formar no Seminário e me graduar em Teologia e História, e não estava preparado para uma manifestação como aquela. Mas ela me provou a realidade do meu inimigo e permitiu que eu continuasse o nosso trabalho em Gana e na Nigéria por um período de quase dois anos (três períodos de seis meses). Naquelas regiões do mundo, a teoria sobre guerra espiritual é irrelevante porque a realidade é muito óbvia.

Quando voltei aos Estados Unidos, o ambiente espiritual era tão fácil, se comparado com o Oeste da África, que eu sentia como se estivesse correndo sobre o asfalto e não dentro da areia. Mas enquanto estive na África, a opressão demoníaca, a confusão e o desânimo eram quase palpáveis diariamente.

Aqueles que negam a realidade da guerra espiritual geralmente têm uma experiência limitada com outras culturas onde o evangelho não penetrou. Certa vez, visitei a fortaleza muçulmana da Ilha de Lamu, próxima à costa do Quênia. Esta fortaleza de 1.500 anos é um campo de treinamento para os Imãs (líderes religiosos islâmicos) do Leste da África. Andando pela rua certo dia, tive consciência do quanto era difícil até mesmo andar ereto ou captar um pensamento com clareza. Nunca senti tanto a presença das realidades demoníacas quanto naquela ilha.

Paulo lidou com a guerra espiritual em seu primeiro encontro com um mágico (At 13:8), com a jovem possessa de um espírito familiar em Filipos (At 16:16), e com os poderes demoníacos de Éfeso (At 19:12). Ele disse aos Tessalonicenses: "Quisemos ir até vós (pelo menos eu, Paulo, não somente uma vez, mas duas), mas Satanás nos barrou o caminho" (1 Ts 2:18). Se Paulo enfrentou oposição demoníaca, você pode ter certeza de que também a enfrentará.

O problema é, você a reconhece quando ela se apresenta? Jesus disse a Pedro: "Arreda, Satanás!" (Mt 16:23), porque Ele reconheceu a voz do inimigo usando o intelecto de Pedro. Quando percebe que Satanás pode estar usando alguém como instrumento, você para de lutar contra a pessoa e começa a lutar contra o inimigo. Em oração, você pode "resistir ao diabo e ele fugirá de você" (Tg 4:7). Mas como é fácil voltarmos à mentalidade natural e permitirmos que Satanás escape sem ser notado enquanto nós empregamos a força bruta uns contra os outros!

Isto não diminui nem justifica de modo algum o mau caráter, nem quer dizer que toda oposição é demoníaca. Você pode precisar ouvir outra opinião caso a sua esteja errada. No entanto, uma pessoa que demonstra atrito, conflito, confusão e objeção constantes está sendo usada como instrumento nas mãos do inimigo. No seu tempo particular de oração, você pode amarrar o inimigo que está usando essa pessoa, enquanto continua a amá-la.

COBERTURA NA GUERRA

Davi disse: "Tu me protegeste a cabeça no dia da batalha" (Sl 140:7). Uma cobertura é um escudo de proteção, uma muralha de defesa, e a cobertura espiritual é crucial para permanecermos fortes na guerra espiritual. Naturalmente, a cobertura óbvia para os cristãos é a armadura de Deus descrita em Efésios 6:13-18. Diariamente, em oração, revisto-me espiritualmente das diversas peças da armadura: a verdade, a justiça, a paz, a fé, a salvação, e a Palavra de Deus. Embora estes sejam obviamente atributos figurativos de Deus, eles também representam defesas reais que precisam estar colocadas sobre nossos corações e mentes.

Não é interessante que a armadura comece com a *verdade*? Qualquer engano cria um ponto fraco na sua armadura, mas com a sinceridade e a transparência intactas, você não "dá lugar ao diabo" (Ef 4:27). A *justiça* sobre o seu coração significa que você não tem nenhum sentimento de culpa, de inferioridade ou de condenação em seu espírito. É impressionante como muitos crentes toleram um sentimento de que são pessoas de segunda categoria do ponto de vista espiritual.

A *paz* sobre os seus pés significa que você andará com um sentimento de ordem e direção (e não de caos e confusão). A *salvação* como capacete protege seus pensamentos e impede que o desânimo, o medo, a luxúria e uma série de outras sugestões se alojem em sua mente. A *fé* é o seu escudo (veja o capítulo anterior) para que você possa permanecer confiante e relaxado, certo de que tudo vai dar certo, independente do que Satanás possa fazer. E, finalmente, assim como Jesus tinha uma espada afiada que saía de Sua boca na visão de João (Ap 1:16), você pode ter a Palavra de Deus constantemente fluindo de sua boca para atacar o inimigo.

Outra área na qual você deve verificar a sua cobertura é no seu relacionamento com a autoridade. A autoridade de

Deus nos dá um escudo na vida: pais para os filhos, maridos para as esposas, pastores para as ovelhas. Quando entramos em rebelião, no entanto, damos a Satanás um "argumento" legal para estar presente, e toda a guerra espiritual possível não conseguirá fazer com que ele saia.

Miriã e Arão aprenderam que falar contra a autoridade legítima constituída por Deus é perigoso, até mesmo para a saúde (Nm 12:10). Eles tiveram de aprender da forma mais difícil a verdade do que ensinei anteriormente neste livro: todos precisam prestar contas espiritualmente a alguém.

A prestação de contas é necessária no casamento também. Rute disse a Boás: "Estende a tua capa sobre a tua serva" (Rt 3:9). Uma esposa cheia do Espírito anseia por estar em uma posição de relacionamento adequado com o seu marido, que detém a autoridade espiritual. Naturalmente, ele deve cobri-la, e não oprimi-la. O papel do marido é, na verdade, muito semelhante ao relacionamento de um policial com a população. Ambos dão segurança e proteção, mas nunca invadem a sua privacidade sem ser autorizados.

VENCENDO NA GUERRA

Paulo escreveu sobre a conquista espiritual em 2 Coríntios 10:3-5: "Porque, embora andando na carne, não militamos segundo a carne. Porque as armas da nossa milícia não são carnais, e sim poderosas em Deus, para destruir fortalezas, anulando nós sofismas e toda altivez que se levante contra o conhecimento de Deus, e levando cativo todo pensamento à obediência de Cristo".

Os ataques de Satanás frequentemente são tortuosos e sutis. No capítulo 9, discuti em detalhe o processo envolvido na progressão do pecado passando de um pensamento a uma ação.

Basta dizer que em cada nível, você precisa resistir ativamente, ou correrá um sério risco de ser enlaçado em níveis cada vez maiores de pecado e cativeiro.

James Robison descreveu como uma fortaleza de desejo sexual foi gradualmente abrindo caminho para dentro da sua mente ao longo dos anos. Ele disse que era como uma garra em seu cérebro. Embora fosse feliz no casamento, ele se viu tendo problemas com a luxúria e flertando com ideias sobre outras mulheres. Um dia, porém, Deus usou um homem que limpava tapetes que trabalhava para James para libertá-lo, e agora Deus usa James poderosamente para libertar outros cristãos.[1]

O pensamento inicial é o estágio mais perigoso de qualquer tentação. Se você não interromper o pensamento, ele aumentará progressivamente e você o acolherá como verdade. Enquanto você permanecer nessa "verdade", finalmente ela o levará a tomar uma atitude com base na mentira na qual você acreditou. O primeiro toque ilícito, o primeiro olhar lascivo, ou a primeira coisa escondida estimula os seus processos mentais a avançarem um pouco mais: "Como isto é bom! Como as minhas ideias antigas eram repressoras!" Agora você penetrou o véu do tabu e provou o proibido. Agora você começa a armar esquemas para encobrir o seu pecado e continuar nele.

Quando você não reconhece as táticas do inimigo e assim deixa de entrar em batalha contra ele, o pecado entra em sua vida e, se não for tratado, finalmente se tornará um padrão de comportamento. Pode ser algo realmente terrível ou algo tão simples como o medo. Mas o ponto é: você está em cativeiro.

Um amigo meu, certa vez, teve um sonho no qual um poder demoníaco se sentava em um trono em uma sala. Um homem parecia estar colado ao trono onde aquele demônio estava sentado. Meu amigo sentiu que estava sendo impelido para a mesma posição e disse no sonho: "Você nunca me levará para esse lugar", e saiu. Um pouco depois, meu amigo, que viajava intensamente, começou a ter medo de voar. Finalmente, ele chegou a um ponto em que só conseguia comparecer aos compromissos por via terrestre. Isto continuou durante anos porque o seu pensamento inicial se tornou uma fortaleza em sua mente.

Um dia, enquanto ele orava, o Senhor lembrou-o do seu sonho e mostrou-lhe que ele, na verdade, havia recebido poder. Ele orou pedindo libertação e depois marcou um voo de ida e volta da sua cidade até outra cidade a 320 km de distância. Ele concluiu a viagem com êxito e permaneceu livre daquele medo pelo resto de sua vida.

CORAGEM NA GUERRA

O livro de Josué é o nosso modelo para a guerra. Ele começa com uma advertência do Senhor a Josué, repetida três vezes sucessivamente: "Sê forte e corajoso" (Js 1:6-7, 9). A palavra *coragem* vem da palavra francesa *coeur*, que significa "coração" (*heart,* em inglês). Assim, *ter coragem*, que em inglês se diz *take heart* também é "recobrar o coração".

Satanás não joga limpo. Ele é um intimidador que avança através do medo. Certa vez, ouvi uma história sobre um garoto intimidador em um playground que fazia a escola inteira tremer de medo. Um adolescente fraco e magro um dia caminhando ao lado dele percebeu que ele tinha uma lista na mão. "O que é isto?" perguntou ele ao intimidador. "Uma lista de todos neste playground em quem posso bater", respondeu ele. O garoto pequeno percebeu o seu nome na lista, mas recusando-se a se deixar intimidar, enfrentou o valentão e gritou com sua voz aguda: "Você não pode me bater!" O valentão imediatamente virou o lápis ao contrário e apagou o nome do garoto!

Ao lidar com o inimigo, você não pode ficar sentado analisando *por que* e *como*. Você precisa ter coragem. O seu coração não pode esmorecer na batalha. Satanás vai blefar e usar qualquer tática, inclusive a limitação, as mentiras, ou o medo, para tentar forçar você a recuar. Mas você precisa reconhecer as táticas dele e ordenar a ele que desista das suas manobras. Moisés não recuou diante de Corá (Nm 16), Pedro não recuou diante de Simão (At 8), Paulo não recuou diante de Elimas (At 13), e você não deve recuar diante do inimigo!

Talvez você hoje esteja andando em meio a uma tempestade espiritual. Levante-se, como Jesus fez no barco com Seus discípulos. Marcos relata: "Levantou-se grande temporal de vento" (Mc 4:37). Logo depois, ele diz: "Então, Ele Se levantou, e repreendeu o vento" (v. 39, NKJV). Quando o vendo se levantou, Ele Se levantou!

Aquele vento não era nada a não ser uma resistência demoníaca tentando impedir que Jesus atravessasse o mar e libertasse o endemoninhado. Ele obviamente não provinha de Deus, ou Cristo não o teria repreendido. O ponto é este: quando a oposição demoníaca se levanta, você também precisa se levantar. Plante seus pés com firmeza em terreno bíblico e "permaneça inabalável" (Ef 6:13, NVI). As armas com as quais você luta não são carnais, mas "poderosas em Deus para destruir fortalezas" (2 Co 10:4). Essas armas poderosas incluem o nome de Jesus e o sangue de Jesus (Ap 12:11).

Tome posse do seu território como Josué tomou. Leve a luta até o inimigo antes que ele possa atacar! Rompa as barreiras dele, destrua os pensamentos dele, e libere o poder de Deus em cada área da sua vida.

Sim, é uma guerra real, mas ela é combatida com sabedoria por aqueles que experimentaram a realidade do conflito. Na verdade, guerra espiritual e sabedoria andam lado a lado, e a sabedoria é o último pilar dos Dez Mandamentos do Ministério.

CAPÍTULO 15

MANDAMENTO 10: SABEDORIA

A sabedoria edificou a sua casa, lavrou as suas sete colunas.

— PROVÉRBIOS 9:1

A sabedoria, o último mandamento dos Dez Mandamentos do Ministério, talvez devesse ser o primeiro. A sabedoria é na verdade o principal elemento de toda a vida e ministério cristão e engloba todos os outros nove mandamentos.

Estabelecer o fundamento e construir a estrutura de qualquer casa espiritual requer grande sabedoria e habilidade. Ao construir seu império, Salomão descobriu sete pilares, ou facetas, da sabedoria que eram necessários. No Novo Testamento, Paulo chamou a si mesmo de "prudente construtor" (1 Co 3:10), e Jesus disse que o homem sábio constrói sua casa sobre a rocha (Mt 7:24).

Vi muitos ministros, e até cristãos individualmente, brotarem e florescerem por algum tempo, mas, por falta de sabedoria, eles não foram sustentáveis e acabaram fracassando. Mas uma breve revisão dos primeiros dias de Salomão (antes que o orgulho, a ganância, e a luxúria prendessem o seu coração) revelará as sete características da sabedoria que eram características do seu reino, e das quais necessitamos.

O CORAÇÃO SÁBIO

"Agora, pois, ó Senhor, meu Deus, Tu fizeste reinar teu servo em lugar de Davi, meu pai; não passo de uma criança, não sei como conduzir-me. Teu servo está no meio do teu povo que elegeste, povo grande, tão numeroso, que não se pode contar. Dá, pois, ao Teu servo, coração compreensivo para julgar a Teu povo, para que prudentemente discirna entre o bem e o mal; pois quem poderia julgar a este grande povo?" (1 Rs 3:7-9).

Observe nesta passagem que Salomão primeiro pediu um coração compreensivo, confessando humildemente que não passava de uma criança: um coração manso e humilde. Na essência, Salomão estava dizendo: "Estou assoberbado. Não sei o que estou fazendo. Não tenho experiência nisto. Socoorroo!"

Consigo me identificar com ele, e talvez você também. Quando me tornei pastor titular da nossa igreja aos trinta anos de idade, senti-me inadequado para lidar com situações difíceis. Naturalmente, eu tinha o benefício da sabedoria de meu pai que me orientava (e que ainda o faz), mas, ainda assim, eu tinha constantemente a sensação de que aquilo estava além das minhas possibilidades.

Albert Schweitzer disse: "A experiência não é o melhor mestre; ela é o único mestre". Naqueles primeiros anos de ministério, eu tinha pouca experiência e sabia disso. Mas o Senhor me deu um versículo que decorei e que tenho utilizado constantemente durante os últimos vinte e cinco anos: "Porém, a sabedoria que vem do alto é antes de tudo pura, repleta de misericórdia e de bons frutos, imparcial e sem hipocrisia" (Tg 3:17, NKJV).

Em outras palavras, a sabedoria é uma atitude do coração, uma dependência humilde de Deus para lhe dar a sabedoria que você não tem em si mesmo. Daniel enfrentou isto quando Nabucodonosor exigiu que ele soubesse *tanto* o sonho dele quanto a sua interpretação. Certa noite, porém, Deus graciosamente revelou a Daniel estes mistérios e salvou sua vida (Dn 2:19-23).

Um coração humilde, como o de uma criança, será sempre recompensado com sabedoria. Mas aqueles que são orgulhosos, cheios de segurança e arrogantes tropeçarão de um conselheiro a outro enquanto cometem erros enormes. Na essência, então, toda sabedoria começa aqui: com a humildade.

A PALAVRA DE SABEDORIA

O primeiro grande teste da sabedoria de Salomão dizia respeito a duas prostitutas e um bebê (1 Rs 3:16-28). Cada uma das mulheres reivindicava o bebê como seu. Se você se lembra, a palavra de Salomão para que cortasse o bebê ao meio trouxe clareza instantânea, enquanto a verdadeira mãe clamava para que a vida do bebê fosse poupada.

Este é o segundo pilar da sabedoria: Deus lhe dará uma palavra de sabedoria que trará clareza instantânea e solução a um problema difícil. A palavra de sabedoria está relacionada como o primeiro dos dons do Espírito em 1 Coríntios 12:8 e é crucial para a solução de problemas difíceis. Daniel recebeu uma palavra para Nabucodonosor, José recebeu uma palavra para Faraó, e você também receberá uma palavra quando precisar dela.

Como membro do Conselho de Diretoria do Dr. Yonggi Cho por muitos anos, já o ouvi compartilhar inúmeras vezes como Deus deu a ele uma palavra de sabedoria quando ele construiu a maior igreja do mundo. Certa vez, o projeto de seu imenso auditório na Ilha de Yoido chegou a ser paralisado por falta de verba. O Dr. Cho clamou a Deus pedindo ajuda, porque nenhum banco queria emprestar-lhe dinheiro. Em oração, ele recebeu uma palavra dizendo-lhe para procurar um determinado banco para pedir um empréstimo. Ele disse ao banco que dezenas de milhares de membros de sua igreja muito provavelmente trocariam suas contas bancárias para lá como forma de gratidão pelo banco ter ajudado a igreja a conseguir um empréstimo. Imediatamente, o banco mudou de ideia, emprestou o dinheiro ao Dr. Cho, e a construção foi concluída.

Quando meu pai iniciou nossa igreja em 1964, ele não tinha todos os fundos para garantir a compra do terreno de trezentos metros quadrados e da casa. Diante do banqueiro, meu pai sentiu em seu coração a palavra *subdividir*. Obedecendo a esta palavra, ele propôs que o banco subdividisse a propriedade, permitindo que ele comprasse a casa enquanto a nova igreja (que não tinha um único membro) adquiria o restante do terreno. O banco concordou, e o resto é história! Uma palavra da parte de Deus resolveu inteiramente o problema de meu pai.

Jesus tinha constantemente uma palavra de sabedoria quando era desafiado pelos fariseus. Quer o assunto fosse impostos, divórcio, ou a ressurreição, Ele nunca ficava confuso, mas sabia exatamente o que dizer. Em cada dilema que você enfrentar, Deus tem uma palavra do Espírito que Ele entregará ao seu coração.

A EQUIPE CHEIA DE SABEDORIA

A sabedoria pode identificar, selecionar e desenvolver um grupo de pessoas para formar uma equipe vencedora. Salomão sabia disto e "tinha doze intendentes sobre todo o Israel, que forneciam mantimento ao rei e à sua casa; cada um tinha de fornecer durante um mês do ano" (1 Rs 4:7). Dezenove versículos deste capítulo em 1 Reis falam sobre todas as pessoas das quais Salomão se cercava. As suas equipes impressionantes construíram o templo e coordenavam os seus vastos recursos. Por causa delas, o seu poder militar era tão invencível que nunca era desafiado, e o seu comércio internacional fez dele o homem mais rico do mundo. Tudo isto aconteceu por causa da equipe que Deus o ajudou a reunir. Salomão sabia de onde vinha a sua força, dizendo: "Quem anda com os sábios será sábio" (Pv 13:20).

Os times de futebol da Southeastern Conference geralmente se concentram em contratar jogadores com base na sua velocidade. No entanto, um dos colégios perdedores dessa conferência tinha somente um jogador capaz de correr a corrida de 40 jardas em menos de 4 segundos e meio, ao passo que as escolas que estavam na liderança se gabavam de ter vinte deles! Esta escola, que passava por dificuldades, começou então a recrutar com base na velocidade em vez de recrutar com base na experiência, e logo seu programa passou a ser um dos que estavam na liderança do campeonato. A moral desta ilustração é a seguinte: contrate os "cavalos", e você irá correr.

Em seu famoso livro *The Master Plan of Evangelism*, o Dr. Robert Coleman delineia os oito passos dados por Jesus para desenvolver a Sua equipe. Ele os escolheu, Ele os confrontou, Ele os desenvolveu, e Ele os enviou. Ele pôde ver o potencial dentro de cada um deles. Ele os amava o suficiente para desafiá-los, e quando terminou, Ele deixou todo o futuro do evangelho nas mãos deles. [1]

Paulo também desenvolveu uma equipe. Ele tinha até quinze jovens que viajavam com ele constantemente: Timóteo, Tito, Gaio, Secundus, Lucas, e outros. Ele os enviava em missões e os advertia a cumprirem seus ministérios. Ele plantou igrejas que, depois, eles pastoreavam, e os enviava às igrejas estabelecidas como seus representantes.

Ser parte de uma equipe e depois liderar a sua própria equipe não é um trabalho reservado aos sacerdotes. Todo crente tem o potencial de influenciar alguém. Você pode não saber tudo sobre seguir a Cristo, mas você aprendeu algumas coisas e pode transmitir isto a outros. O Cristianismo não é um esporte solitário; é uma atividade em equipe onde compartilhamos vitórias e derrotas, estratégias e planos, e lições aprendidas. Todos nós somos companheiros de equipe que respondemos ao mesmo treinador – o próprio Senhor Jesus.

O trabalho em equipe requer sabedoria, mas ela é a faceta mais importante do sucesso em longo prazo de um cristão. Como Jesus disse em Lucas 7:35, "A sabedoria é justificada por todos os seus filhos" (NKJV). Posso lhe prometer que você não avançará além da equipe da qual faz parte.

O fato de bandos de gansos voarem para mais longe e mais rápido que um ganso solitário revela o entendimento da natureza do valor do trabalho em equipe. O mesmo acontece no mundo espiritual. As maiores igrejas do mundo possuem uma liderança central forte que têm o máximo respeito por seu líder, lealdade à visão, e que se esforça para cumpri-la. Nada pode parar uma grande equipe!

A BÊNÇÃO DA SABEDORIA

"Eram, pois, os de Judá e Israel muitos, numerosos como a areia que está ao pé do mar; comiam, bebiam e se alegravam" (1 Rs 4:20). A equipe de Salomão produzia abundância, e eles obviamente sabiam lidar bem com as finanças. Administrar dinheiro com sabedoria é uma habilidade que Deus recompensa. Mas muitas igrejas e cristãos individualmente procuram bênçãos maiores em vez de mais sabedoria na mordomia. Deus supre as nossas necessidades, mas muitas vezes nos falta a sabedoria para maximizar a provisão de Deus.

Não obtive um diploma de MBA na faculdade, e tive de aprender da forma mais difícil sobre orçamentos, recursos humanos, endividamento, construção, e a variedade de habilidades administrativas necessárias para se dirigir com êxito um grande ministério. Tive de pedir sabedoria ao Senhor.

Satanás é mestre em nos manter ignorantes acerca dos princípios mais simples da bênção de Deus. Deus não abençoa a ignorância. Ele recompensa os mordomos que são produtivos e que têm visão de longo alcance. Ele abençoa aqueles que cuidam dos pobres.

Uma amiga nossa que é missionária no Quênia contou uma história muito interessante sobre um homem da região que queria apoiar o ministério dela. Ele possuía um negócio de reciclagem de petróleo, e um dia percebeu um vazamento em uma refinaria de petróleo à qual ele atendia. O vazamento estava sendo acondicionado em barris, uma vez que a empresa disse que custaria muito caro fechar a refinaria e consertar o vazamento. O homem perguntou se poderia ficar com o material perdido no vazamento caso ele o transportasse. A refinaria concordou, e esse homem, com o tempo, vendeu o petróleo vazado por uma quantidade de dinheiro suficiente para construir uma imensa instalação de retiro para o ministério de nossa amiga. Se Deus pode fazer isto com nada mais do que uma "goteira", imagine o que Ele pode fazer através de você quando você usar com sabedoria os recursos que Ele lhe confiou!

Naturalmente, sabemos que ofertas generosas mudam o nível da bênção. Um missionário amigo meu no Haiti aprendeu que poucos membros de igreja naquele país dizimavam. Ele, porém, exigia que todos os seus pastores dizimassem (até legumes, se eles não tivessem dinheiro), e de repente as finanças das igrejas deles começaram a sofrer uma reviravolta. Logo os membros estavam prosperando (em comparação com os padrões do Haiti) muito mais do que outras congregações da mesma área.

As finanças são necessárias para se comprar, construir e manter instalações para que as pessoas cresçam juntas e em Cristo. O dinheiro é necessário para que uma família possa se dar ao luxo de ter uma casa adequada, mandar seus filhos para a escola, e ainda ter recursos para investir no reino. Mas uma pessoa que tem sabedoria pode lançar mão de uma quantia em dinheiro e produzir muito mais com ela do que alguém a quem falta sabedoria. A sabedoria motivará a primeira pessoa a economizar em vez de gastar dinheiro, enquanto a segunda pessoa não quer ter esse controle.

Salomão gozava do favor das nações que o cercavam, e a sua riqueza foi lendária. Sabemos que não podemos medir a espiritualidade simplesmente pelas planilhas financeiras, porque a prosperidade tem relação com a cultura. No entanto, Satanás é o autor do cativeiro financeiro, e precisamos da sabedoria de Deus para ver através das tentações e dos laços das loucuras financeiras que ele nos sugestiona a cometer.

A PAZ DA SABEDORIA

"Porque [Salomão] dominava sobre toda a região e sobre todos os reis aquém do Eufrates, desde Tifsa até Gaza, e tinha paz por todo o derredor. Judá e Israel habitavam confiados, cada um debaixo da sua videira e debaixo da sua figueira, desde Dã até Berseba, todos os dias de Salomão" (1 Rs 4:24-25). A paz resulta da ordem. Pelo fato de Salomão ter tanto as finanças quanto os assuntos do reino em ordem, toda a nação vivia em paz.

A confusão, o oposto da ordem, não procede de Deus. Muitas pessoas, porém, vivem em um estado constante de confusão. A falta de planejamento, a falta de pontualidade, a falta de provisão, e a falta de propósitos levam a perturbações contínuas.

Decisões e avisos de última hora deixam as pessoas instáveis. As consequências de um estado de confusão são reais, tanto na família, quanto no ministério e na nação.

A sabedoria, por outro lado, gera paz: "A sabedoria, porém, lá do alto, é, primeiramente, pura; depois, pacífica" (Tg 3:17). Por causa da ordem e da sabedoria de Salomão, Israel vivia em um estado de proteção e bem-estar. Quarenta mil cavalos e um grande exército desencorajavam quaisquer potenciais invasores, e a paz reinava.

Quando há perturbação no governo de uma igreja, tumulto acerca das decisões quanto ao crescimento, discórdia quanto aos programas do coral, problemas de contaminação na "equipe" que não são tratados, ou inquietação em qualquer uma das outras trezentas possibilidades de confusão em uma igreja, a atmosfera se torna hostil e tensa. Tanto visitantes quanto membros podem sentir o desequilíbrio e tomarão as medidas para retirar suas famílias dali.

As ovelhas pastam e procriam em um ambiente de paz. As águas tranquilas fazem com que elas se deitem. Mas onde não existe ordem, todos ficam irritáveis. É como o indicador de gasolina do seu carro. Se o indicador estiver quebrado, você permanece inquieto, sem saber se está ficando sem gasolina. Um indicador de gasolina que funciona adequadamente, porém, lhe dá paz, porque você sabe exatamente em que situação está a qualquer momento.

Nossas vidas estão cercadas de situações que podem roubar a nossa paz, e a maioria delas tem a ver com ordem. Paulo disse aos Coríntios: "Porque Deus não é de confusão, e sim de paz... Tudo, porém, seja feito com decência e ordem" (1 Co 14:33, 40). Quando há um redemoinho de confusão, pânico, prazos não cumpridos, cancelamentos, ausência de planejamento alternativo e falta de comunicação, você pode ter certeza de que o Espírito da paz não está presente.

Opte por perder "oportunidades de ouro" caso elas gerem confusão, complexidade, e mal-entendidos. Você será confiável como alguém que é sábio e estável se tomar atitudes firmes, bem pensadas, de simples comunicação e direcionais em vez de atitudes impensadas e não planejadas. Pense na sua vida como o navio *Queen Elizabeth* (que andava a 40 quilômetros por hora) e não como um barco de corrida (que anda a 300 quilômetros por hora). Deixe que outros sigam cada nova onda, enquanto você permanece sendo consistente e conservador. A paz que a sua vida gera será palpável!

Nunca me esquecerei de quando um empreiteiro, que não era salvo, me disse que passou pelo nosso prédio na estrada, deu uma olhada para a nossa propriedade, e, nas palavras dele, "a paz atingiu-o no rosto". Este cavalheiro pegou o retorno, entrou no prédio, entregou seu coração ao Senhor, e continuou sendo um membro firme da igreja até se mudar para outro estado. O mesmo tipo de paz cercava todo o reino de Salomão, e Deus quer que ela cerque a sua vida e o seu ministério também.

A CRIATIVIDADE DA SABEDORIA

Deu também Deus a Salomão sabedoria, grandíssimo entendimento e larga inteligência como a areia que está na praia do mar. Era a sabedoria de Salomão maior do que a de todos os do Oriente e do que toda a sabedoria dos egípcios. Era mais sábio do que todos os homens, mais sábio do que Etã, ezraíta, e do que Hemã, Calcol e Darda, filhos de Maol; e correu a sua fama por todas as nações em redor. Compôs três mil provérbios, e foram os seus cânticos mil e cinco. Discorreu sobre todas as plantas, desde o cedro que está no Líbano até ao hissopo que brota do muro; também falou dos animais e das aves, dos répteis e dos peixes.

- I REIS 4:29-33

A maioria das pessoas copia e não cria, e nós, cristãos, não somos diferentes. Correndo de uma conferência para outra, somos rápidos em nos apegar a coisas que as pessoas que as estão apresentando já não estão mais fazendo! Certamente não há nada de errado em copiar os outros, mas Deus é um Deus de variedade infinita. Salomão falou de coisas que ninguém jamais havia sonhado. Suas metáforas e provérbios, cânticos e poemas, e sua sabedoria botânica e zoológica eram intermináveis. Jesus também Se movia nesta sabedoria criativa. Ele contou parábolas que permanecem inigualáveis na sua capacidade de simplificar verdades complexas.

No mundo empresarial, os criativos governam. Ao criar o iPhone, a Apple deteve duzentas patentes – e nós na igreja ficamos sentados estudando-nos uns aos outros! Com muita frequência, é como Jesus disse: "Porque os filhos deste mundo são para a sua geração mais sábios do que os filhos da luz" (Lc 16:8, ASV). Por outro lado, um dos provérbios de Salomão diz: "Aquele que conquista almas é sábio" (Pv 11:30, NVI), e deve haver ideias criativas e novas do Espírito Santo para realizar a grande tarefa de ganhar almas.

A sabedoria de Salomão se estendia para a esfera das artes (música), literatura (poesia e provérbios), e ciência (botânica, zoologia, ornitologia), e ele tinha "larga inteligência, como a areia que está na praia do mar" (1 Rs 4:29). Peça ao Espírito Santo para liberar dentro do seu coração um espírito de criatividade para apresentar o evangelho de formas novas e poderosas à sua cultura e região específica. Através da música, da mensagem, e da sabedoria prática, torne o evangelho "salgado" e irresistível àqueles que, dentro da sua cultura, estão em busca de respostas. Usar o que outros estão fazendo é aceitável, mas não é o limite. Deus colocou uma impressão digital única em sua mão e designou uma assinatura distinta à sua personalidade. Quando permite que esse fluir singular de criatividade seja liberado, você permite que o último pilar da sabedoria seja erguido em sua vida.

A PROMOÇÃO DA SABEDORIA

"De todos os povos vinha gente a ouvir a sabedoria de Salomão, e também enviados de todos os reis da terra que tinham ouvido da sua sabedoria" (1 Rs 4:34). A sabedoria o promoverá; é por isso que ela precisa começar com a humildade. Pessoas de todos os lugares vinham para ouvir a sabedoria de Salomão. A sua sabedoria excedia em muito a dos homens do Oriente, aqueles cujo intelecto lhes havia dado uma grande reputação. Quando você for capaz de solucionar os problemas das pessoas do mundo, elas o buscarão como fonte de sabedoria.

Certa vez, ouvi falar sobre um homem cuja empresa lhe deu um belo escritório completo com uma cadeira de balanço e uma janela panorâmica. Durante todo o dia, tudo que esse homem fazia era sentar-se em sua cadeira e olhar pela janela. Alguns dos outros empregados começaram a ficar descontentes com a aparente negligência desse homem com o trabalho. Eles foram reclamar com o gerente, que respondeu: "No ano passado esse homem solucionou um problema que nos economizou milhões de dólares, então demos a ele tudo que ele nos pediu!".

Você é precioso para Deus e possui o potencial para uma criatividade, um crescimento e um desenvolvimento impressionantes. Deus promoveu José, Daniel, Neemias, e uma série de outros líderes da Bíblia, e a intenção Dele é promover o seu raio de influência também.

Você nunca deve buscar a promoção, mas deve sempre entregar toda a glória aos pés de Cristo. No entanto, ao mesmo tempo, você não poderá impedi-la de vir até você, quando operar dentro do *coração*, da *palavra*, da *equipe*, da *prosperidade*, da *paz* e da *criatividade* da sabedoria. Salomão também reconhecia este poderoso princípio: "A sabedoria é o principal; portanto, adquire a sabedoria; e com tudo o que possui, adquire o entendimento. Exalta-a, e ela te promoverá; ela te trará honra, quando tu a abraçares. Ela colocará na tua cabeça um diadema de graça; uma coroa de glória te entregará" (Pv 4:7-9, NKJV).

É apropriado que os nossos Dez Mandamentos do Ministério terminem com este poderoso princípio da sabedoria. Na essência, todos os outros nove estão englobados nele. Busque a sabedoria como "a principal coisa". Reivindique a mente de Cristo em todas as dez áreas do ministério.

Proponha-se a se tornar um modelo da sabedoria de Cristo para o mundo em trevas ao seu redor. Eles viram os maiores e melhores caírem. Infelizmente, eles ridicularizaram as doutrinas de Cristo por causa do exemplo dado pela igreja. Sabemos que não somos perfeitos, mas podemos "portar-nos com sabedoria para com os que são de fora; aproveitando as oportunidades" (Cl 4:5).

Vejo uma nova geração de cristãos se levantando, determinada a não repetir os erros do passado. Não podemos desfazer nossos erros, mas precisamos aprender com eles. Precisamos estabelecer um padrão de santidade, de ética, de pureza e de sabedoria que faça com que o mundo sinta inveja e tenha fome de Jesus. A sabedoria destes Dez Mandamentos do Ministério deve naturalmente evoluir para um novo, porém eterno código de conduta, e para defendê-lo, devemos comprometer nossas vidas, nossas famílias e nossos ministérios.

UM CÓDIGO DE CONDUTAL PESSOAL

Os quinze capítulos anteriores são um ponto de partida para uma reviravolta no ministério em todo o mundo, tanto na igreja quando na vida do cristão individual. Muitos livros poderiam ser escritos sobre cada assunto, mas é preciso partir do geral para o específico.

É difícil quantificar um código de conduta segundo o qual os crentes possam viver. No entanto, para o bem da transformação de nossas nações, entrarei neste tema como um "longo começo" cujo fim pretende ser o avivamento da igreja. Os dez pontos a seguir são um compromisso básico de vivermos segundo os Dez Mandamentos do Ministério, conforme explicado neste livro:

1. Comprometo-me a uma vida de *oração e jejum*, fazendo do meu tempo a sós com Deus a minha prioridade máxima (At 6:4).

2. Comprometo-me a estudar, ensinar, pregar e aplicar fielmente as *Escrituras* (2 Tm 3:1 – 4:4).

3. Comprometo-me a ter *integridade* nas áreas de responsabilidade financeira, compromissos, sinceridade e doutrina (Hb 13:18).

4. Comprometo-me a viver em *pureza* moral na área dos pensamentos, dos meios de comunicação, das aparências, e da aliança do casamento (Hb 13:4).

5. Comprometo-me a ser um *exemplo* em meus hábitos de trabalho, na minha reputação na comunidade, e como modelo de família (1 Tm 3:1-7).

6. Comprometo-me a estabelecer *relacionamentos* que estimulem a prestação de contas, a rede de comunicações, a formação de equipes, e a mentalidade de reino (Hb 13:17).

7. Comprometo-me a ter uma *filosofia* de simplicidade, sinceridade e sacrifício (2 Co 1:12).

8. Comprometo-me a viver uma vida de *fé* através de uma visão clara, de uma confiança destemida, e de uma mentalidade vencedora (1 Tm 6:12).

9. Comprometo-me a me engajar na *guerra espiritual* contra os principados, e não contra as pessoas (2 Co 10:1-5).

10. Comprometo-me a andar na humildade, no trabalho em equipe, na ordem e na criatividade da *sabedoria* (Ef 5:15).

Embora certamente eles não incluam tudo, estes dez mandamentos formam um bom fundamento sobre o qual podemos firmar um ministério sólido, frutífero e duradouro. À medida que a cultura dos povos vai cada vez se afundando mais nas trevas, eu desafio todos vocês a "se tornarem irrepreensíveis e sinceros, filhos de Deus inculpáveis no meio de uma geração pervertida e corrupta, na qual resplandeceis como luzeiros no mundo" (Fp 2:15). *Você pode ajudar a transformar o mundo se primeiro transformar a si mesmo.*

Oro para que as mais ricas bênçãos de Deus estejam sobre você enquanto você dedica tempo para ler e estudar estas verdades simples e fundamentais. Pastor por pastor, líder por líder, crente por crente, um novo tipo de cristãos emergirá, "inculpável", "inocente" e "irrepreensível". Proponha-se, deste momento em diante, a fazer com que o seu mais alto objetivo seja ser parte do *remanescente*!

Notas

CAPÍTULO 1

MENTOREAMENTO PARA UMA IGREJA ÓRFÃ

1. John Eldredge, *Wild at Heart* (Nashville: Thomas Nelson, Inc., 2001), 65–70.

2. Ibid., 108–115.

CAPÍTULO 2

PADRÕES PARA UMA IGREJA QUE NÃO É CORRIGIDA

1. Henry Cloud and John Townsend, *Boundaries with Kids* (Grand Rapids, MI: Zondervan, 1998), 64.

2. Ibid., 65–67.

3. Ibid., 58–61.

CAPÍTULO 3

MULTIPLICAÇÃO PARA UMA IGREJA INFRUTÍFERA

1. Bill Bright, *5 Steps to Making Disciples* (Orlando: New Life Publications, 1997), 7–8.

CAPÍTULO 5

AS ESCRITURAS PARA UMA IGREJA QUE NÃO É ENSINADA

1. George Bush Presidential Library and Museum, "Public Papers—1990," http://bushlibrary.tamu.edu/research/public_papers. php?id=2582&year=1990&month=all (acessado em 18 de junho de 2008).

CAPÍTULO 6

MANDAMENTO 1: ORAÇÃO

1. O Dr. David Yonggi Cho da Yoido Full Gospel Church em Seul, Coréia do Sul, popularizou este método de oração através de muitos meios de comunicação. Resumi o método e incluí algumas de minhas próprias pesquisas nesta descrição.

CAPÍTULO 9

MANDAMENTO 4: PUREZA

1. James Dobson, *Love for a Lifetime* (Sisters, OR: Multnomah Books, 1994), 32–34.

CAPÍTULO 10

MANDAMENTO 5: EXEMPLO

1. John Donne, "Meditation XVII," from *Devotions Upon Emergent Occasions*, visto em http://isu.indstate.edu/ilnprof/ENG451/ISLAND/text.html (acessado em 19 de junho de 2008).

CAPÍTULO 11

MANDAMENTO 6: RELACIONAMENTOS

1. Quotations.com, http://www.quotations.com/wis/3030.htm (acessado em 19 de Junho de 2008).

2. Robert E. Coleman, *The Master Plan of Evangelism* (Grand Rapids: Fleming H. Revell, uma divisão da Baker Book House Company, 1993).

CAPÍTULO 12

MANDAMENTO 7: FILOSOFIA

1. Chip Heath and Dan Heath, *Made to Stick* (New York: Random House, 2007), 33–46.

CAPÍTULO 14

MANDAMENTO 9: GUERRA ESPIRITUAL

1. James Robison, *Knowing God as Father* (Fort Worth, TX: LIFE Outreach International, 1996), 45–50, conforme visto em http://www.lifetoday.org/site/DocServer/lifeoutreach__knowing.pdf?docID=142 (acessado em 20 de junho de 2008).

CAPÍTULO 15

MANDAMENTO 10: SABEDORIA

1. Coleman, *The Master Plan of Evangelism*.

www.ingramcontent.com/pod-product-compliance
Lightning Source LLC
Chambersburg PA
CBHW031841090426
42741CB00005B/314